行動経済学入門

Yoshiro Tsutsui
筒井義郎
＋
Shunichiro Sasaki
佐々木俊一郎
＋
Shoko Yamane
山根承子
＋
Greg Mardyła
グレッグ・マルデワ
［著］

東洋経済新報社

はしがき

「実は昔から、心理学に興味があるんです」

経済学と心理学の境界領域を研究していると話すと、よくそう言われます。人間の心のメカニズムは、多くの人の興味を引くようです。人の心について知るには、直接的には心理学を学ぶのがよいのかもしれません。しかし実はその試みは、人間の行動を研究対象とする社会科学全体で行われていることです。

行動経済学は、経済学という考え方の枠組みをスタート地点にして、人の心の動きを理解しようとするものです。したがってみなさんは、行動経済学の教科書である本書を通して、行動経済学だけでなく標準的な経済学の考え方をも身につけていくことになるでしょう。経済学は複雑な社会現象をできるだけシンプルに捉えるために、様々な仮定を置きます。自然な仮定のときもありますし、到底納得できないような仮定のときもありますが、これらによって経済学という枠組みができています。この枠の中で、時には仮定を見直して枠を少しずつ広げながら、人の心の不思議について理解を深めていこうとするのが行動経済学です。

行動経済学が明らかにした、人間の行動や意思決定に関する面白い話はたくさんあります。本書ではもちろんそれらを紹介します。しかし同時に、その発見が経済学という枠組みにどのような影響を与えたのかということも重要な話題です。ぜひそのことも意識しながら、行動経済学の世界を楽しんでください。

本書では、まず第1章で行動経済学が生まれた背景を紹介します。行動経済学が何を目指しているのかと、その問題意識が理解できることでしょう。続く第2章では、私たちの意思決定のクセについて知ることができます。第3〜5章では、時間選好、危険回避、社会的選好という行動経済学の基幹部分を学修

します。第6章は、私たちにとって最も身近な「お金」にまつわる意思決定の話題です。第7章以降は応用的なトピックです。第7章はファイナンスに関する話、第8章は幸福度に関する話を紹介し、第9章では、実際に現実世界で使われている行動経済学に触れます。これらを網羅した教科書は珍しいと思います。

　この教科書はできるだけ平易な文章で書かれており、平均的な大学生が、特に予備知識がなくても独学できるようになっています。統計手法や数理モデルを使用する部分はウェブ上の〈より進んだ内容〉に回すことによって、本文は易しく記述するよう心がけました。行動経済学を体系的に学びたいと思っているビジネスマンの方や、経済学に初めて触れるような方にも、広く読んでいただければと思います。本書の内容からさらに詳しく知りたい場合は、巻末のブックガイドなどを手掛かりに、より専門的な書籍へと進んでください。それぞれの話題に特化した、優れた専門書が数多くあります。

　著者たちは、近畿大学、甲南大学、大阪大学で行動経済学の講義を行っており、本書はそれらの講義内容をもとにして書かれました。学部1〜2年生向けの、入門的な行動経済学の授業の教科書として使えるものを目指して作ったつもりです。半期（15回）で使用する場合は、例えば第1章から第4章、または第1章から第5章を使っていただけると、分量的にちょうどよいかと思います。〈より進んだ内容〉や「練習問題」は、授業の形態や受講生のレベルに応じて取捨選択してください。〈より進んだ内容〉は以下のウェブサイトに掲載しています。

　　　https://store.toyokeizai.net/books/9784492314975

　本書の草稿は、甲南大学の筒井ゼミ、近畿大学の佐々木ゼミ、近畿大学のマルデワゼミの学生のみなさんに読んでもらい、分かりにくい点を指摘してもらいました。みなさんのおかげで、読みやすさは飛躍的に上昇しました。ありがとうございます。

　また、いつも一番の読者としてたくさんの有意義なコメントと、細やかな

チェックをしてくださった東洋経済新報社の矢作知子さんなしに本書は完成しませんでした。ここに深く感謝の意を表します。

　この本の著者はいずれも、行動経済学を専門とする研究者です。細かな興味・関心は違いますが、行動経済学を面白いと思っているのは同じです。本書を通じて、みなさんとも「面白い！」を共有したいと思います。

筒井義郎
佐々木俊一郎
山根承子
グレッグ・マルデワ

目次　行動経済学入門

はしがき　iii

第1章

行動経済学はどのようなものか　001

1　行動経済学とは何か　002
2　行動経済学の分野　003
3　行動経済学の方法　005
4　ホモエコノミカス：伝統的経済学の前提　007
5　ホモエコノミカスと行動経済学　010
6　なぜ伝統的経済学は合理性を仮定するか　010
7　ヒトは合理的か？：進化論と合理性　012

第2章

ヒューリスティクス　015

1　経済的な決定とヒューリスティクス　015
2　ヒューリスティクスのメリット・デメリット　017
3　代表性　018
4　利用可能性　021
5　係留と調整　024
6　フレーミング　025

第3章

時間選好　031

1　異時点間選択　032
2　時間割引率の測定方法　034
3　マシュマロ・テスト　036
4　時間割引率の個人差　037
5　先延ばしと後悔のメカニズム　041

6　時間割引率のアノマリー　045
　　7　更なる分類：ナイーフとソフィスティケイテッド　048
　　8　生活の中の時間選好　049

第4章

リスク選好とプロスペクト理論　051

　　1　サンクトペテルブルクのパラドックス　052
　　2　期待効用仮説　055
　　3　危険回避　056
　　4　アレのパラドックス　058
　　5　確実性効果　059
　　6　小さな確率　060
　　7　プロスペクト理論　061
　　8　参照点　062
　　9　価値関数　063
　　10　確率加重関数　066
　　11　プロスペクト理論の評価　067
　　12　エルスバーグのパラドックス　069

第5章

社会的選好　073

　　1　独裁者ゲーム実験　074
　　2　最後通牒ゲーム実験　077
　　3　最後通牒ゲーム実験と互酬性　079
　　4　信頼ゲーム実験と互酬性　080
　　5　違法副業ゲームと互酬性　082
　　6　公共財供給実験と社会的ジレンマ　084
　　7　公共財供給実験における互酬性　086
　　8　不平等回避性　089
　　9　行為の背後にある意図の重要性　091
　　10　文化と社会的選好　093

第6章

お金に関する経済心理　097

1. お金の経済的な意義・心理的な効果　097
2. お金を払う苦痛　101
3. メンタルアカウンティング　104
4. サンクコスト　109
5. 保有効果　114
6. 機会費用　117
7. 「無料（フリー）」の価格の経済心理　119

第7章

行動ファイナンス　125

1. 現代ファイナンス理論の概要　125
2. 現実の金融市場と効率的市場仮説の反証　136
3. 投資家心理とその市場結果への影響　140
4. 投資家心理の市場成果　151

第8章

幸福の経済学　159

1. 幸福の経済学の目指すもの　159
2. どのような人が幸福か　162
3. 幸福感の順応　171
4. 相対所得仮説　173
5. 幸福のパラドックス　174

第9章

実世界における行動経済学　183

1. 行動経済学を役立てる　183
2. 「ナッジ」する　186

3	デフォルトの力	189
4	コミットメントの力	192
5	色々なナッジ	193

ブックガイド　199
索引　202

第1章

行動経済学はどのようなものか

本章のポイント

- ☑ ・行動経済学は人々の非合理性に焦点を当てる。
- ☑ ・伝統的経済学はホモエコノミカスを前提にする。
- ☑ ・それでも、合理性は人間の最大の特徴。
- ☑ ・行動経済学は実験やアンケートの方法を用いる。

「試験期間が近づいて来た。準備を始めるように予定していたのだが、その日が過ぎても、まだ始められない。どうしてずるずると先延ばししちゃうんだろう?」

「夏休みの旅行のためお金を貯めようと思っているけど、どうしてもつい使ってしまう。何か良い方法はないだろうか?」

「恋人の気を引きたい。贈り物には何をすれば喜ばれるだろう?」

「友達を説得するのにうまい言い方はないだろうか?」

「ギャンブル好きのあなた、負けが込んでくると一発逆転大穴に賭けて、さらに大損することはないだろうか?」

「株で儲けたい! 損を逃れる方法はないか?」

「学祭で模擬店をやろう。みんなと協力して、うまくやっていけるだろうか?」

「幸福とは何だろう? どうしたら幸せになれるんだろう?」

行動経済学はこういった問題に答えてくれる。あなたが、この教科書を読み

終えた時、自分や自分の周りに対する見方が変わったことに気付くだろう。

あなたは、「行動経済学」とはどんなものであるかご存じだろうか？　経済学にはたくさんの部門がある。金融、財政、労働、国際経済、国際金融、経済史などの科目は、学んだことがない人でも、なんとなくどんな学問であるかが想像つくだろう。産業組織、公共経済、ミクロ経済、マクロ経済、計量経済も経済学の主要な科目であるが、どんなことを対象としているのかがわかりにくいだろう。行動経済学については、見当がつく人がもっと少ないのではないだろうか。あなたは行動経済学という名を聞いたこともないかもしれない。それもそのはず、行動経済学は、経済学の分野で、最も最近確立してきた分野であるからだ。

2002年にカーネマン（Daniel Kahneman）が行動経済学という新研究分野の開拓への貢献でノーベル経済学賞を受賞したが、その時には、経済学者の中でも行動経済学という言葉を聞いたことがない人の方が多かったのである。現在、行動経済学を知らない経済学者はもぐりと呼ばれても仕方がない。ここ10年の間に、行動経済学は急速に発展し、注目され、認知されてきたのである。

皆さん、行動経済学ランドにようこそ！　さあ、この新しい学問を学んでみよう！

1　行動経済学とは何か

「行動」経済学というのだから、行動を研究するのだろうと思う人が多いだろう。その通り。行動経済学は人間の行動を研究対象とする。でも、それだけではない。それだけなら、（ヒトを対象とする）**行動科学**や心理学と何も違わないことになってしまう。行動経済学では、人間の行動の特徴を明らかにし、そのような行動によってどのような経済社会ができるかを追究するのである。

それは、経済学そのものではないか、これまでの経済学（伝統的経済学）とどこが違うのか、と疑問に思うだろう。そこがポイントなのだ。これまでの経済学は、人間の行動の特徴をきちんと調べることなく、人間は合理的に行動す

る、というだけの仮定のもとに、理論を積み上げてきたのである。常識的に言って、それは変だと思われるだろう。しかし、経済学者は、それを変だとは考えていなかった。そして、実際、経済学はここ数十年の間に最も発展・成功した学問分野の1つである。しかし、今や、人間は合理的だ、と仮定するだけでは不十分であるという認識が、経済学者の中でも広まってきて、行動経済学の出番となっているわけである。つまり、行動経済学とは、人間の心理や行動を観察し、その特徴を明らかにして、そのうえに、経済学を再構築する学問である。

ただ、行動経済学者の中には、行動経済学をもっと広く、野心的に考えている人も（少数ではあるが）いる。彼らは、経済学の再構築にとどまらず、心理学や行動科学、神経科学を統合した新しい学問分野を作ることを目標とする。そのような新しい学問分野が可能なのかどうかはまだ明らかではないが、多くの科学分野が互いに影響を与え統合されつつある今、行動経済学はその代表的な例であると考える人もいる。

2 行動経済学の分野

行動経済学を切り拓くにあたって重要な貢献をしたのは、カーネマンとトヴェルスキー（Amos Tversky）という2人の心理学者である。彼らの業績は多岐にわたっているが、その中でも、人々が不確実な世界でどのように行動するかを研究し、提唱した「プロスペクト理論」が有名である。もちろん、不確実な世界での行動は、それまでの経済学でも研究されており、皆が使っている理論があるが、彼らは、その理論が成立しない例を多くあげたのである。これについては、第4章で説明する。

彼らは、また、人間の認知の仕方が必ずしも常に論理的でなく、正しくないことを実験によって明らかにした。もちろん、間違いは誰にでもあるが、ここでのポイントは、その間違いに法則性がある、つまり、人々は同じようなパターンで間違えるということである。これについては第2章で説明する。

このような心理学者の攻撃とは別に、シラー（Robert Shiller）は1981年に著した論文で、長期にわたる株価の動きを調べて、人々の予想が、合理的であり平均的に的中する、とは考えられないことを明らかにした。株式市場は、人々が利益のみを追求して参加する市場であるので、人々の合理性が最も強く発揮される場所であると思われる。事実、1970年代にはファマ（Eugene Fama）は、株式市場においては情報が瞬時に、正しく、株価に反映されるという「効率市場仮説」を提唱し、その主張は実証結果によって支持されていた。しかし、その後、詳細なデータが蓄積され、分析技術も進歩した結果、株式市場においても非効率・非合理な現象がぞくぞくと報告されるようになった。これらの現象を、投資家の非合理的な性質から説明しようとするのが「行動ファイナンス」と呼ばれる分野であり、本書では第7章で説明される。

　行動経済学のもう1つの重要な分野は、利他性を取り上げる。利他性とは利己主義の逆で、他人に対する思いやり（逆の場合は敵意）であるから、人々の社会的なつながりと関係している。人々の社会的なつながりの分野は、伝統的な経済学において、ゲーム理論の発展によって分析が可能となった。ゲーム理論は1944年に（期待効用理論の提唱者でもある）フォン・ノイマン（John von Neumann）とモルゲンシュテルン（Oskar Morgenstern）が開発した、比較的少数の人々の相互反応を分析する理論である[1]。典型的には、2人の競技者が闘う将棋や敵に対する軍事作戦などを思い浮かべればいい。この時、自分がどのように行動すべきかは、相手がどのように行動するだろうかという予測に、決定的に依存している。このような状況は旧来のミクロ経済学が想定するものではなかった。旧来のミクロ経済学では、多数の生産者と消費者を前提とした理論が主流を占めていた。もっとも、既に、19世紀にクールノー（Antoine Augustin Cournot）は2企業が生産する場合（複占という）の問題を分析しており、旧来のミクロ経済学でも、少数の生産者が競い合う場合（寡占という）の問題が分析されなかったわけではない[2]。ゲーム理論はこの問題をより一般的に分析したものと言える。ゲーム理論は1980年代には、ミクロ経済学の重要な基礎理論として認知され教科書で教えられるにいたった。理論的な発展とともに、経済実験という新分野が立ち上がり、ゲーム理論の想定で、実際に人々

（被験者）がどのように行動するかが確かめられるようになった。驚いたことにいくつかのゲームにおいて、人々の行動は、ゲーム理論が予想する結果とは異なっていたのである。これについては第5章で詳しく説明するが、その主たる原因は、伝統的なゲーム理論は、自分の利益しか考慮しない「利己的」な個人を想定していたからである。経済実験の結果は、人々は必ずしも利己的ではなく他人を思いやる（あるいは、時には敵意を持つ）ことを示唆している。

　もう1つの重要な分野は時間割引と関連している。時間割引とは、将来の満足を現在ではどのくらい割り引いて評価するかのことである。例えば、1年後に1000円受け取る満足度が、今、900円受け取る満足度と同じであるならば、時間割引は10％であるという。この割引率は、受け取る時期がいつであるかによっても違うし、受け取る金額によっても違う。しかし、サムエルソン（Paul A. Samuelson）は1937年の論文で、時間割引率が一定と仮定して分析した[3]。時間割引率が一定という仮定は理論的分析を簡単にするという利点があるため、それが正しい仮定であるという根拠があるわけでもないのに、その後の経済分析でもっぱら使われるようになった。一方、動物を対象とした行動科学や人間を対象にした心理学では、時間割引率は一定ではなく、直近になるほど大きいことが実験によって確認されていた。経済学の分野では1989年にベンチオン（Uri Benzion）らが、経済実験によって、時間割引率は一定でないことを確認している[4]。第3章で詳しく説明するが、この事実が重要なのは、実は、時間割引率が一定であれば、最初に立てた計画がその後にも満足できるものであり、変更する必要がないからである。逆に言うと、時間割引率が一定でない人は、最初に良かれと思って立てた計画にその後、満足できなくなり、計画の変更を迫られることになる。なぜこんな約束をしたのだと後悔するような事態は現実の世界ではしばしば起きることであり、経済分析の興味深い対象である。

3 行動経済学の方法

　行動経済学では、人々の行動や考えを把握する必要がある。そのためによく

使われる方法が、実験とアンケート調査である。もちろん、伝統的な経済学と同様、理論的研究や、既存データの実証分析も行われるが、実験とアンケートは、比較的、伝統的経済学では使われない方法であり、行動経済学の特徴的な方法と言えよう。行動経済学で用いられる実験は、心理学で行われるような実験の流れをくむものと経済実験に分けることができる。前者は、主として、ある設定された状況のもとで個人の好み、感情、意見、行動などを観察するものである。例えば、リスクをどのくらい好むかを測りたい場合には、「50％の確率で100円が当たるくじを、あなたはいくらで買いますか」、といった質問に答えてもらうことが考えられる。これは、アンケート調査と基本的に違わないが、例えば、この回答の前に、ケーキを食べてもらった場合と食べない場合の結果を比較する、ということは普通のアンケートではできない。環境・条件をコントロールして行動などの結果を観察できることが実験の特徴である。

　経済実験は、経済学者が考案したために、次のような特徴を持っている。例えば、経済実験では、被験者が本当のことを言う（真実を告知する）ということに懐疑的であって、真実を告知させるためには、そうすることが本人にとって合理的であるような誘因（インセンティブという）を正しく与えなければならない、と考える。例えば、上の例では、実験の最後に実際にくじを引いてみて、当たった場合には100円あげる、ということをするのである。また、経済では、取引が重要であるから、「株式」と見立てた資産を取引するといった実験も行う。経済実験では、実験の構造を被験者がよく理解していることが必要だと考える。実験では被験者をだましてはならないとされている。だます実験が行われてしまうと、次の実験で、被験者が「説明されていることが本当ではないかもしれない」と疑ってしまう事態が生じるかもしれないからである。

　実験は主として実験室に被験者を集めて行われる。これを実験室実験という。しかし、最近では、例えば学校や会社や農地といった実際の社会の場において、行われる実験も増えてきている。これはフィールド実験と呼ばれる。フィールド実験には、仮想的な場でなく、現実の状況において、人々がどのように行動するかがわかるというメリットがある。

4 ホモエコノミカス：伝統的経済学の前提

　伝統的経済学が採用している前提を、少し誇張して紹介することにしよう。「誇張して」というのは、経済学の先端分野では様々な前提での分析が進んでおり、必ずしも、以下で紹介する前提を採用していない研究も存在するからである。言い換えると、以下の前提は、大学の学部教育などで教える経済学でしばしば仮定されるものであるが、より進んだ経済学では必ずしも前提とされるものではない。

　伝統的経済学が想定する人間を、**ホモエコノミカス**という。これは、われわれ人類を旧人と比較して、ホモサピエンスと呼ぶことをもじってつけた呼称である。ホモエコノミカスは以下の5つの特徴を持っている。

完全合理性

　「合理性」は重要な概念であるが、実はいろいろな意味で使われている。例えば、法律で「……と考えるのが合理的である」という言葉はよく使われるが、「……と考えるのがもっともらしい」というような意味であるようだ。この教科書では、多くの場合、「理性的であり、論理や法則にかなっている」という意味で用いる。しかし、経済学者の間ではもう少し厳密に定義したいと考える人もいる。その場合、合理的とは、「その人が持つ目的を達成するために最も適切な手段をとる」、つまり、目的と手段が整合的であることと定義される。この場合、目的はどのような奇妙なものでもよい。例えば、窃盗のような犯罪行為を犯すとき、巧妙な方法を考えて証拠が残らないようにするのが合理的ということになる。裁判では計画的犯行は罪が重くなるが、ここでの合理的という言葉はそのイメージとは反する使い方である。本書では、これを狭義の合理性と呼んで使うこともあるが、大体においてはもう少し広い意味で使うことにしよう。つまり、合理的とは理性的であり、論理や法則にかなっていることであり、合理的でないとは、無知であるのでできないとか、感情的になってしまって損なことをしてしまうことを指す。

「合理的」であっても、どの程度合理的であるか、が区別される。ホモエコノミクスで仮定される**完全合理性**は最大限の合理性である。これは、3つの特徴で記述される。第1に、知的能力がものすごく高く、どんな問題でも解けることである（知的スーパーマン）。第2に、感情がない、もしくは感情に行動が左右されないことである。第3に、完全な自己抑制、つまり、計画したことは必ず実行することである。ある程度合理的である場合を「限定合理性」といい、行動経済学では、人間は限定合理的であると考える。

完全利己性

完全利己性とは他人が喜ぶかどうかを全く考慮しないで、もっぱら自分の利益だけを考えることを指す。確かに利己的な人もいるけれど、社会には他人のために役立ちたいと思っている人もたくさんいる。したがって、完全利己性の仮定は現実には成立しないものである。

完全利己性は、他人の利益に無関心ということであって、利他的でないだけでなく、敵意や羨望も持たない。もう少し厳密に言うと、自分の満足は自分の利益だけによって決まり、他人が満足しているかどうかに依存しないということである。実はこれはかなり狭い利己性の定義であり、この定義で完全に利己的であっても、他人に親切にしないとは限らない。もし、他人に親切にすることによって見返りが期待できるなら、親切は結局自分の利益につながるので、完全に利己的であっても他人に親切にすることになる。これを互酬性という。「情けは人の為ならず」ということわざは、他人に親切にすることは巡り巡って自分の利益になることを意味しており、このようなことわざがあることは、互酬性は現実社会においてよくある事態であることを示唆している。

利他性の存在は否定できないにしても、その一方で、自分の利益を優先するのは当然だろう。人間も生物の一種であり、すべての生物は、自分の生存確率を最大にするように行動するだろうと思われるからである。それでも、個体の生存確率だけでなく、種の存続を守るために子供を育てるような行動が多くの生物で見られるのも事実である。集団のため自分自身を犠牲にしてしまうことは、動物（例えば、蟻）にも、人間にも見られる。人間の場合は、所属する共

同体の利益を重視することもしばしば見られる（その大部分は互酬的行動かもしれないが）。

物質的・金銭的利益の重視

　伝統的経済学では、人々は消費から満足を得るとすることが多い。また、国民の厚生の尺度としては国内総生産（GDP）を使うことが多い。つまり人々の関心はもっぱら物質的利益にあると想定しているのである。お金・物質的利益が非常に重要であることは言を俟たない。貧困の中で幸せであるのは困難である。しかし、現在の日本のように、物質的な豊かさを実現した社会においては、人々の幸福は、多分に人間関係のような精神的・心理的状態に強く依存していることが多い。したがって、この仮定も現実には成立しないものと思われる。

満足最大化行動

　伝統的経済学が解くべき典型的問題は、限られた環境（資源）のもとで、最大の満足を得るにはどうしたらいいか、というように定式化される。一番いいものが一番いいに決まっているから、「満足を最大化する」という定式化は当然のことのように思われる。しかし、現実的に考えると、この定式化には難しい問題があることがわかる。例えば、セーターを買うことを考えよう。どのセーターを買うかという問題を満足最大化問題として定式化すると、世界中で売られているすべてのセーターの品質と価格を考慮して、どれを買うかを決定することになる。しかし、世界中で売られているすべてのセーターを考慮することなど、そもそも不可能である。近くの数軒を回って、それなりに満足するセーターを見つけて買うというのが現実的だろう。これは最大化行動とは言えまい。

　最大化行動の前提には、上で説明した完全合理性の知的スーパーマンの仮定がある。完全合理性を持った知的スーパーマンには、世界中のセーターを考慮した問題が解けるだろう。しかし、現実の人間にはそれは不可能である。

　それでも**満足最大化行動**を是認することは不可能ではない。知的スーパーマ

ンでないために情報処理に限界があり、コストがかかることを制約に追加して、最大化行動を定式化すれば、現実の行動と整合的であるかもしれない。このように考えると、現実の行動を最大化行動として記述できるかどうかは、それほど簡単な問題ではない。

対等な自由人

伝統的経済学では、人々は市場で取引をするが、自分の意思に反した結果を強制されることはない。人々は対等であり、上下関係を利用して不当な扱いを受けることはない。他人の迷惑にならなければ、何をやるのも自由である。このような人間像は、市民社会になって初めて出現したものであり、封建制や君主制の身分社会の人間とは好対照である。経済学が、市民社会になってから発展した若い学問であるのもこのためである。

ただし、対等な自由人の仮定には根強い反論がある。マルクス経済学では、資本主義社会は資本家という支配階級と労働者という被支配階級からなっている階級社会であるととらえ、対等な自由人は幻想にすぎないと考える。どちらのとらえ方がより現実を説明するかは、現実社会がどれだけ平等で経済格差がないかに依存するだろう。身分制度はないにしても、大金持ちと貧乏人が本当に対等に付き合えるかは疑問なしとしないからである。

5 ホモエコノミカスと行動経済学

ホモエコノミカスの仮定はどれも極端なものであり、これが厳密に成立していると考える人はいないだろう。伝統的経済学においても、これらは分析を簡単にするために採用する都合の良い仮定にすぎないと考えている。したがって、現実の人間はホモエコノミカスではないことを強調しても、あまり意味はない。

行動経済学の目的は、現実の人間がホモエコノミカスと異なるなら、どのように異なるのかを、実証的に明らかにすることである。ホモエコノミカスから

の乖離の法則性が明らかになれば、その特徴を経済理論モデルに組み込むことによって、社会現象をより正確に説明することが可能になるだろう。本書では、完全合理性の問題は、本章の第7節と第2章のヒューリスティクスで扱う。完全利己性の問題は第5章の社会的選好で議論する。物質的利益の重視については、第8章の幸福の経済学で取り上げる。対等な自由人の問題は、主として、マルクス経済学が指摘する問題であり、これまでの行動経済学では取り上げられておらず、本書でも取り上げない。

6 なぜ伝統的経済学は合理性を仮定するか

　伝統的経済学は、いくつかの仮定（公理という）から出発して、経済学の全体系を論理的に導こうと試みてきた。そのようにして導かれた結果は実証研究によって、現実的に妥当するかどうかが確かめられる。しかし、伝統的経済学は、かなり奇妙な実証態度をとっていた。ケインズ経済学と対立するマネタリスト（貨幣重視学派）の総帥であったフリードマン（Milton Friedman）は、『実証経済学（Positive Economics）』という書物で、経済学においては、仮定が正しいかどうかはどうでもよく、理論モデルから導かれた結論だけを実証分析で調べればいいと主張した。この主張は広く受け入れられ、経済学はもっぱら結論が正しいかどうかを検証している。その1つの理由は、ホモエコノミカスの仮定にあったように、経済学ではモデルを解けるような簡単なものにするために、極端な仮定から出発することが多いためである。したがって、仮定はそもそも厳密に正しいものであることを期待していない。行動経済学は、これと対照的に、実証的に確認された仮定から出発しようとするものである。

　合理性の仮定については、伝統的経済学は次のような論法でそれを擁護してきた。第1に、株式市場を例にとると、非合理的な人は投資に失敗し、損を被って、結局市場から退出せざるを得ない。したがって、株式市場には合理的な人しか残らない。株式市場から退出しても、その人が死んでしまっていなくなるわけではないが、社会全体でも合理的な人が競争に打ち勝ち、社会をリー

ドする立場に立つ。非合理的な人は社会の敗者となり、社会で重要な役割を果たさない。したがって、合理的な人を考えれば社会の動きのほとんどは説明が可能になる。

第2に、非合理的な人がいたとしても、合理性からの乖離はいろいろな方向にランダムに起きているはずである。したがって、社会全体ではその乖離の行動は相殺しあって影響はない。

このような主張に対して、行動経済学は次のように答える。第1に、株式市場の投資家には、非合理的な行動をする人がたくさんいる。そして、非合理的な人がたくさんいる市場では、非合理的行動が儲かる可能性がある。したがって、非合理的な人が市場から駆逐されるとは限らない。第2に、合理性からの乖離はランダムではなく、系統的（システマティック）である。したがって、非合理性はマクロ経済に影響する。

7 ヒトは合理的か？：進化論と合理性

ホモエコノミカスでは完全合理性を仮定するが、それは正しくなく、人間の認知方法は合理性とはずいぶん違った点があることを第2章で説明する。行動経済学では「完全合理性」は否定するが、それでも合理性はヒトの、そして、生物の最も顕著な特徴である、と考える。そのことを本節では説明する。つまり、合理性が重要な特徴であると考える点では、行動経済学は伝統的経済学とそれほど違わない。しかし、伝統的経済学では、単に、人間は合理的であると仮定するだけであるのに、行動経済学の特徴は、合理性の程度を実験などで実証的に確認することである。

行動科学では、古くから、動物が合理的行動をとることが報告されてきた。この時、合理的とは生命維持にとって都合の良い行動をとるということである。**進化論**的に考えると、生命維持に成功した種が勝ち残るのであるから、現存する生物が合理的であるのは当たり前ということになる。ヘーゲル（Georg Wilhelm Friedrich Hegel）の「存在するものはすべて合理的であり、合理的な

ものはすべて存在する」という有名な言葉を思い出す人もいるだろう。例えば、たくさんのマガモがいる池の前で、2ヵ所でエサをまく。エサは一度にまく量と、エサをまく間隔を変えておく。すると、マガモは、一定時間にまかれる量に比例して集まるという結果が得られた。つまり、マガモは得られるエサの量を最大にし、不確実なもとで、満足を最大にしていると考えられるのである。

練習問題

❶ ホモエコノミカスの特徴を5つあげなさい。
❷ 伝統的経済学で、人々が合理的であると仮定してもよい理由としていたものを2つあげ、説明しなさい。

[注]
1 Von Neumann, J. and O. Morgenstern (1944) *Theory of Games and Economic Behavior*, Princeton University Press.
2 クールノー (1936)『富の理論の数学的原理に関する研究』中山伊知郎訳、岩波文庫。
3 Samuelson, P. A. (1937) "A Note on Measurement of Utility", *Review of Economic Studies*, 4(2), 155-161.
4 Benzion, Uri, Amnon Rapoport, and Joseph Yagil (1989) "Discount Rates Inferred from Decisions: An Experimental Study", *Management Science*, 35(3), 270-284.

第2章

ヒューリスティクス

本章のポイント

- ☑ 意思決定問題に答える際に使う直感的で簡便な思考方法を「ヒューリスティクス」と呼ぶ。
- ☑ ヒューリスティクスには、代表性、利用可能性、アンカリング、フレーミングなどがある。
- ☑ ヒューリスティクスを使えば思考のコストを節約することができるが、意思決定に歪み(バイアス)が生じる可能性もある。

1 経済的な決定とヒューリスティクス

　われわれが普段行っている経済的な決定や判断は非常に複雑である。マイホームや車など、高価な商品を購入する際、われわれは価格、品質、外観、性能など様々な要因を考慮したうえで、自分にとっての最適な商品について時間をかけて検討するだろう。しかし、低価格かつ日常的な商品に関する経済的な決定に関しても、その複雑さは本質的には変わらない。

　ドラッグストアでシャンプーを買う状況を思い浮かべてみよう。商品棚には、様々な効果を謳った色とりどりのシャンプーのボトルが並んでいる。価格も安いものから高価なものまで様々である。あなたは、この中から自分にとって最適な品質であり、かつなるべく低価格のシャンプーを選ぶ必要がある。あなたは、どのようにしてそのような商品を探すだろうか？

最も確実な方法は、その店で販売されているすべてのシャンプーを試すことである。まず商品棚の一番端のシャンプーを購入し、それを使い終えたら隣のシャンプーを購入する、という具合にシャンプーを順に1つずつ購入していけば、すべてのシャンプーを試すことができる。すべてのシャンプーを試した後には、品質的にも価格的にも最適なシャンプーを見つけることができるだろう。しかし、これには時間的・金銭的コストがかかる。自分にとって最適なシャンプーを探すために、ここまでの労力を払うことはあまり現実的とは言えないだろう。

では、商品の購入に関わる時間的・金銭的コストを節約するためには、どうしたらいいだろうか？　その有力な方法が**ヒューリスティクス**（認知的近道、発見的な問題解決法）を使うことである。

最適な商品を探すためのヒューリスティクスの1つとして、「**再認**」がある。過去に出会ったことがあるものや、「覚えている」あるいは「知っている」ということは、それだけで商品購入の有力な動機となりうる。ある消費者が、多くのシャンプーが並んでいる商品棚の中に自分が以前使ったことのあるシャンプーを見つけたとしよう。この消費者は、自分が使った時の使用感や効果を思い出し、そのシャンプーの品質や価格について特段の不満がなければ、そのシャンプーを選ぼうとするかもしれない。

他のヒューリスティクスとして、「**模倣**」がある。模倣ヒューリスティクスは、自分と似ている人々の行動を観察することによって商品に関する情報を得ることである。例えば、消費者が、シャンプー売り場の商品棚で、あるシャンプーの在庫が極端に少なくなっていることを観察したとしよう。この消費者は、過去の多くの消費者がそのシャンプーを選択したという情報を得ることになる。「多くの人がこのシャンプーを買っているということは、そのシャンプーが品質的にも優れていることを意味している」とこの消費者が認識すれば、彼もそのシャンプーを購入するかもしれない。

このように、ヒューリスティクスは、消費者にとって最適な商品を探すうえでの時間的・金銭的コストを節約させ、経済的な決定を導く近道となる。したがって、本質的に複雑で難しい経済的な決定を行う際、コストを節約するため

にヒューリスティクスを使うことは理にかなっている行動と言えるだろう。

2 ヒューリスティクスのメリット・デメリット

　認知心理学では、人間の意思決定には「**速い思考（システム1）**」と「**遅い思考（システム2）**」という2つの思考プロセスがあり、ヒューリスティクスによる思考は「速い思考（システム1）」に含まれるとしている。より具体的には、カーネマンは「速い思考（システム1）」は「自動的に高速で働き、努力は全く不要か、必要であってもわずかである」ものであり、「遅い思考（システム2）」は、「複雑な計算など頭を使わなければできない困難な知的活動にしかるべき注意を割り当てる」ものと説明している[1]。

　単純な意思決定を行う場合には、システム1によるヒューリスティクスを使った意思決定でも最適な結論を得ることができるだろう。例えば、「学校・会社の始業時間に間に合うように何時に家を出発するか決める」際には、当日の学校・会社の始業時間を想起するとともに、（特に交通渋滞等のニュースがなければ、）再認ヒューリスティクスにより、いつも通りの時間に出発すると決めればよい。

　しかし、商品の購入など様々な要因を慎重に考慮する必要があるような複雑な意思決定を行う際にシステム1に基づいたヒューリスティクスを使うと、得られた結論は必ずしも最適ではない可能性がある。前節のシャンプーの購入の例を思い返そう。もし、自分にとっての最適なシャンプーが過去に使用したものと異なる場合、再認ヒューリスティクスを使うと最適なシャンプーを選ぶことができない。また、自分にとっての最適なシャンプーが多くの消費者が購入したシャンプーとは異なる場合、模倣ヒューリスティクスを使うとその最適なシャンプーを選ぶことができない。

　前節で指摘したように、ヒューリスティクスを使えば、意思決定における時間的・金銭的なコストを節約させることができる。しかし、ヒューリスティクスは意思決定に関わる様々な要因を考慮した論理的な思考を簡略化したもので

ある。したがって、ヒューリスティクスを使った場合、導き出された結論に**バイアス**（歪み）が生じる可能性があり、その場合、最適な決定が困難となる。

以下では、不確実性下の意思決定におけるいくつかの有名なヒューリスティクスを紹介する。そのうえで、われわれがどのような場面でどのようなヒューリスティクスを使う傾向があるのか、ヒューリスティクスを使うことで生じるバイアスはどのようなものか等について議論する。

3 代表性

ある不確実な事象を推定する時に、その事象が属しているカテゴリーの典型的な代表例になっているかどうか、ということを推定の基準にすることを**代表性**のヒューリスティクスという。このヒューリスティクスを使えば、効果的に不確実な事象を推定することができることも多いが、代表例にとらわれることによって、基礎的な確率の法則を無視してしまい、結果的に誤った結論を導いてしまうことがある。トヴェルスキーとカーネマンは、以下の有名な「**リンダ問題**」を使って代表性のヒューリスティクスとそれによるバイアスを紹介している[2]。

> リンダは31歳、独身で社交的かつ聡明な女性である。彼女は大学時代哲学を専攻していた。また、学生時代には差別や社会正義といった問題に深い関心を持ち、反核運動のデモにも参加していた。次の8つのリンダに関する記述のうち、最もありうるものから順にランク付けしなさい。
>
> a. リンダは小学校の教員である。
> b. リンダは書店に勤務し、ヨガを習っている。
> c. リンダはフェミニズム運動に参加している。
> d. リンダは精神医学の専門家である。
> e. リンダは女性有権者の会員である。

図表2-1　リンダ問題についてのベン図

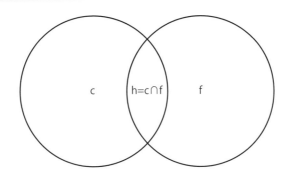

f. リンダは銀行員である。
g. リンダは保険の営業員である。
h. リンダはフェミニズム運動に参加している銀行員である。

　ここでは、選択肢fとhだけに注目しよう。トヴェルスキーとカーネマンによれば、多くの回答者は、fよりもhの方が小さい数字がランク付けするという。つまり彼らは、fよりもhの方がありうると評価している。
　しかし、その評価は論理的には誤りである。その理由について、ベン図を使って確認しよう。図表2-1において、フェミニズム運動に参加している人の集合をcとし、銀行員の集合をfとする。フェミニズム運動に参加している銀行員は集合hであるが、その集合は集合cと集合fの共通部分（c∩f）である。図において、この共通部分c∩f（＝h）は集合fよりも明らかに小さい集合である。したがって、リンダの属性について推測を行う際に、「フェミニズム運動に参加している銀行員」である可能性は「銀行員である」可能性よりも小さいことが確認できる。
　誤った回答をする人は、問題文の中にあるいくつかのキーワード（差別、社会正義、反核運動、デモなど）がフェミニストを代表する典型的な例であるという代表性のヒューリスティクスを使った結果、基本的な確率の法則を無視してしまう結果になったと解釈することができる。

代表性に関連するヒューリスティクスとして、「**少数の法則**」がある。これは、ある母集団（統計学では、調査で研究したい人口などといった集団全体のこと）からサンプル（実際にアンケート調査などを行って、得られたデータの統計学的な分析ができる母集団の一部分）を抽出した場合、抽出されたサンプルそのものが母集団の性質を代表していると誤って考えてしまうヒューリスティクスである。次の問題を通して少数の法則について考えてみよう。

> 歪みのない10円玉を投げるとする。5回投げたところ、結果は
> 　表　表　表　表　表
> となった。次に出るのは表だろうか、それとも裏だろうか？

　ここで、「表が5回連続で出たのだから、そろそろ裏が出る頃だろう」と考えた読者もいたかもしれない。しかし、それは誤りである。歪みのないコイン投げをする時に表が出る確率は1/2、裏が出る確率は1/2であり、それは表が5回連続で出た後でも、10回連続で出た後でも変わらない。もし、コイン投げの回数を10回、50回、100回と増やしていけば、表が出る割合と裏が出る割合はそれぞれ1/2に近づいていくと考えられるが、表が5回連続で出たという結果だけを見て、それがコイン投げの結果全体を代表しているかのように認識してしまうことは、代表性のヒューリスティクスを使うことから生じた誤りである。こうした誤りはしばしば、「**ギャンブラーの誤り**」と呼ばれる。

　テレル（Dek Terrell）は、アメリカのニュージャージー州における州営宝くじのデータをもとに、人々がギャンブラーの誤りに陥る傾向があることを検証した[3]。ニュージャージー州の州営宝くじでは、宝くじの購入者がランダムに出る3つの数字を予想し、予想が正解した人に賞金500ドルが与えられる。もし複数の人が当たったら、500ドルは正解者の間で均等配分される。つまり、正解者が多いほど、正解者1人あたりの賞金額は小さくなる。図表2-2では、ある宝くじの抽選において出た番号と同じ番号がいつ出たかというタイミングと賞金額との関係が示されている。この表を見ると、1週間以内に出た番号と同じ番号が出た場合の1人あたり賞金額は約349ドル、直近の8週間で出てい

図表2-2　当たりと同じ番号が出た時期と正解者1人あたり賞金額の平均

	正解者1人あたり賞金額の平均
1週間以内に出た番号を予想した場合	$349.06
1週間〜2週間以内に出た番号を予想した場合	$349.44
2週間〜3週間以内に出た番号を予想した場合	$307.76
3週間〜8週間以内に出た番号を予想した場合	$301.03
8週間以内に出ていない番号を予想した場合	$260.11

〈出所〉Terrell, D. (1994) "A Test of the Gambler's Fallacy: Evidence from Pari-mutuel Games", *Journal of Risk and Uncertainty*, 8(3), 309-317, Table 1.

ない番号が出た場合の1人あたり賞金額は約260ドルである。このことは、1週間以内に出た番号にかける人が少ないために、同じ番号にかけていて同時にあたりになる人が少なく、1人あたりの賞金額が大きくなったのだと考えられる。つまりこの宝くじの抽選では、直近に出た番号よりもしばらく出ていない番号の方が出やすいと考える人が多いのである。しかしそもそも「今回の宝くじである3つの数字が選ばれるか」という問題と「その数字が最近選ばれたかどうか」という問題は本質的に無関係である。これは、人々が少数のサンプルが宝くじの正解の番号の結果全体を代表しているかのように認識していることから生じる「ギャンブラーの誤り」の典型的な例と言える。

4　利用可能性

　ある不確実な事柄を正確に推測するためには、その事柄に関連するあらゆる事項を網羅的に想起したうえで、論理的・客観的な推論をする必要がある。しかし、ごく短時間で推測しなければならない場合、自分の記憶の中から見つけやすい手がかりを優先して推論を行うこともあるだろう。そうした簡便的な推論を使えば時間と労力を節約することができるが、得られた結論は必ずしも正

確ではない可能性がある。自分にとって容易に思い出しやすい事柄を優先して行う推論は、「**利用可能性**」のヒューリスティクスと呼ばれる。

以下の問題を考えてみよう。

> goo国語辞書（http://dictionary.goo.ne.jp/jn/）には約28万6300項目の日本語が収録されている（2017年1月時点）。
>
> 問1　goo国語辞書に収録されている単語のうち、以下の（A）と（B）のどちらが多いだろうか？
>
> （A）「うき」で始まる単語
>
> （B）「うき」で終わる単語
>
> 問2　上記で答えた多い方の単語は、少ない方の単語のおよそ何倍だろうか？

goo国語辞書に掲載されている単語のうち、（A）「うき」で始まる単語は151個、（B）「うき」で終わる単語は630個であり、（B）は（A）の約4.1倍である。（A）「うき」で始まる単語には「うきわ」、「うきあし」などがあり、（B）「うき」で終わる単語には、「くうき」や「ひこうき」などがあるが、多くの人にとっては（A）の方が（B）よりも思い出しやすいだろう。もし読者が、（B）よりも（A）が多いと答えたら、それは手がかりの見つけやすさを優先させた利用可能性のヒューリスティクスを使った可能性がある。また、（B）の方が多いと答えたとしても、（B）が（A）よりも大幅に多いこと（約4.1倍）に思い至らなかったとしたら、それも利用可能性のヒューリスティクスを使った証拠と言えるだろう。

トヴェルスキーとカーネマンは、「rが最初にある単語」と「rが3番目にある単語」どちらが多いかについて被験者に尋ねたところ、152人中105人は「rが最初にある単語」と答え、47人は「rが3番目にある単語」と答えた[4]。実際には「rが3番目にある単語」の方が多いが、多くの被験者は回答を誤ったことになる。その理由として、rが3番目にある単語（air, bird）を思い出すのはrが最

初にある単語（red, real）を思い出すよりも難しいために、彼らが利用可能性のヒューリスティクスを使用したことが考えられる。

利用可能性に関連する問題として、以下の質問を考えてみよう。

> 日本における1年間の死者数は約127万人である。
> (1) 日本において1年間に殺人で死亡する人はおよそ何人だろうか？　＿＿＿＿＿人
> (2) 日本において1年間に交通事故が原因で死亡する人はおよそ何人だろうか？　＿＿＿＿＿人
> (3) 日本において1年間にがんが原因で死亡する人はおよそ何人だろうか？　＿＿＿＿＿人

（1）の正解は、およそ370人（2013年のデータ、警察庁による統計[5]）、（2）の正解は4117人（2015年のデータ、警察庁による統計[6]）、（3）の正解は、約37万人（2014年のデータ、厚生労働省人口動態統計[7]）である。（1）および（2）については実際の数値よりも多く答え、（3）については実際の数値よりも少なく答えた読者もいるのではないだろうか？

殺人事件や交通事故は社会的関心も高いため、しばしばテレビや新聞等のニュースで取り上げられる。ひとたびメディアで殺人や交通事故のニュースを取り上げられると、そうした事件や事故はわれわれの印象に残りやすい。しかし、がんは非常によくある死因であり、自分と関わりがない人ががんによって死亡したことを見聞きしたとしても、それほど印象に残るものではないだろう。もし、上記3つの問題で、（1）や（2）の答えが実際の数値よりも大きくなり、（3）の答えが実際の数値よりも小さくなったとしたら、要因別の死亡者数という不確実な事柄を推計する際に、自分の記憶や印象に残っていることを優先させる利用可能性のヒューリスティクスを使っている可能性がある。しかし、自分の記憶や印象は現実の統計とは異なるため、得られた予想にバイアスが生じているのである。

リヒテンシュタイン（Sarah Lichtenstein）らは、米国において様々な要因（竜

巻、落雷、洪水、殺人、交通事故、肺がん、心臓病など）によって死亡する人が何人であるか被験者に予想させた[8]。この実験において、被験者は大きな新聞記事で取り上げられた死因や自分と関わりのある人が死亡した場合の死因については、死亡者数を多く見積もる傾向があることが確認された。この事実は、人々が不確実な事象を推論する際に、自分の記憶や印象に残っていることを優先させる利用可能性のヒューリスティクスを使っていることを示唆している。

5 係留と調整

係留（アンカリング）とは、ある不確実な事柄を推論する場合に、その事柄とは本質的に関係のない事柄にその推論の出発点を置くことである。その出発点から推論を行っても、そこからの調整が不十分であるために、得られた結論は、出発点である無関係な事柄に引きずられてしまう傾向がある。

カーネマンは、以下の実験を紹介している。

被験者には０から100までのルーレットを回してもらう。ルーレットの出目を確認してから、以下の２つの質問を尋ねる。

> (a) アフリカの国の中で国連に加盟しているのは、今出た目の数の割合（パーセント）よりも多いだろうか、少ないだろうか？
> (b) アフリカの国の中で国連に加盟しているのは、実際には何パーセントだろうか？

(b) の回答は (a) の回答とは本質的には無関係であることは明らかである。しかし、カーネマンによると、ルーレットの10の出目を見た被験者の (b) の回答の平均は25％、65の出目を見た被験者の (b) の回答の平均は45％だった[9]。この結果は、国連に加盟しているアフリカの国の割合を推定する際に、無関係なルーレットの出目を推論の出発点にしながらも、その後の調整が不十分であ

るために、ルーレットの出目に近い割合を回答していると解釈できる。これは係留のヒューリスティクスを使ったためにバイアスが生じた例と言える。

6 フレーミング

ある不確実な事象について判断や決定を行う際に、異なる枠組みで問題設定をした結果、異なる結論が得られる現象のことを**フレーミング**という。トヴェルスキーとカーネマンは、以下の有名な「**アジア病問題**」の実験によって、人々がフレーミングを使う傾向があることを示した[10]。

問題1

「アジア病」という伝染病が大流行している。この病気の死者は放置すれば600人になると予想されている。この伝染病への対策としてはプログラムAとプログラムBの2種類がある。それぞれのプログラムを採用した場合、以下の効果がある。
・プログラムAを採用した場合、200人が助かる。
・プログラムBを採用した場合、1/3の確率で600人全員が助かり、2/3の確率で1人も助からない。
あなたは、どちらのプログラムを採用すべきと思いますか？

問題2

「アジア病」という伝染病が大流行している。この病気の死者は放置すれば600人になると予想されている。この伝染病への対策としてはプログラムCとプログラムDの2種類がある。それぞれのプログラムを採用した場合、以下の効果がある。
・プログラムCを採用した場合、400人が死亡する。
・プログラムDを採用した場合、1/3の確率で1人も死亡しないが、

2/3の確率で600人全員が死亡する。
あなたは、どちらのプログラムを採用すべきと思いますか？

　あなたは、問題1、問題2それぞれでどちらのプログラムを採用すべきと回答するだろうか？　注意深くそれぞれの問題を読んでみると、問題1のプログラムAと問題2のプログラムCは「600人中200人が確実に助かって400人が確実に死亡する」ということを意味しており、全く同じである。また、問題1のプログラムBと問題2のプログラムDは、「1/3の確率で600人が助かる（0人が死亡する）が、2/3の確率で600人全員が死亡する（0人が助かる）」という意味で全く同じである。しかしながら、トヴェルスキーとカーネマンの実験では、問題1では、プログラムAを採用すべきと回答したのが72％、プログラムBを採用すべきと回答したのが28％だった。また、問題2では、プログラムCを採用すべきと回答したのが22％、プログラムDを採用すべきと回答したのが78％だった。問題1は、「病気の感染者が助かる」枠組み（フレーム）で問題が記述されており、「命が救われる」場合には、確実に救われる選択肢を選ぶが、問題2において、「病気の感染者が死亡する」枠組みで問題が記述される場合には、命が救われるためには一か八か懸けたいという傾向があると解釈することができる。こうした傾向は、第4章で検討する、人々は利得局面ではリスク回避的に行動し、損失局面ではリスク愛好的に行動するというリスク下の人間行動の典型的パターンと関係していると考えられる。

　こうしたフレーミングは、われわれの日常生活の至る所に存在している。ギルボア（Itzhak Gilboa）が提示したガソリンスタンドの議論を紹介する[11]。ガソリンスタンドで給油する例を考えよう。ガソリンスタンドには2つの料金が存在することが多い。それは、クレジットカードを利用する場合の料金と現金で支払う場合の料金である。一般に現金払いの料金はクレジットカードを利用する場合の料金より低く設定されており、現金払いの料金は「現金特価」などと呼ばれることがある。この料金体系では、クレジットカードを利用する料金を通常料金（参照点）とし、現金で払う場合には特別の割引がされていると捉

えることができる。

　しかし、全く同じ料金体系を別のフレームで表現したらどうだろうか？　それは、現金払いを通常料金（参照点）として、クレジットカード払いの料金は「クレジットカード上乗せ料金」と表示するものである。こうした料金体系では、現金の持ちあわせがなくクレジットカードしか持っていない利用者は、「上乗せ料金」を払うのを嫌うだろう。

　結果として、クレジットカード料金を「通常料金」と表記するガソリンスタンドではクレジットカードを使って給油するドライバーも、クレジットカード料金を「上乗せ料金」と表記するガソリンスタンドでは現金払いを選ぶかもしれない。つまり、料金体系の表記方法のフレーミングの違いが同じ消費者に異なる消費行動をもたらす可能性がある。

　また、アリエリー（Dan Ariely）は、イギリスの雑誌『エコノミスト』の定期購読についての実験を行い、人々がフレーミングによる思考を行うかどうかについて検証している[12]。

　ある被験者には、以下の『エコノミスト』の定期購読のうち、どれを選ぶかについて尋ねた。

　（1）ウェブ版だけの購読（59ドル）
　（2）印刷版とウェブ版のセット購読（125ドル）

　この2つの選択肢では、（1）を選んだのは68人、（2）を選んだのは32人だった。一方、別の実験では、以下の『エコノミスト』定期購読のうち、どれを選ぶかについて尋ねた。

　（1）ウェブ版だけの購読（59ドル）
　（2）印刷版だけの購読（125ドル）
　（3）印刷版とウェブ版のセット購読（125ドル）

　選択肢が3つになると、被験者の回答は、（1）16人、（2）0人、（3）84人となった。これらの実験において「ウェブ版だけの購読（59ドル）」と「印刷版とウェブ版のセット購読（125ドル）」の2つの選択肢に注目すると、はじめの実験では「ウェブ版だけの購読（59ドル）」を選ぶ被験者が多いにもかかわらず、後の実験では「印刷版とウェブ版のセット購読（125ドル）」が多くなる。後の実

験に別の選択肢「印刷版だけの購読（125ドル）」が入ることによって、被験者の定期購読についての好みが逆転してしまったのである。後の実験で追加された「印刷版だけの購読（125ドル）」という選択肢は「おとり」として機能していると考えられる。おとりの選択肢が入ることによって、被験者は「印刷版だけの購読（125ドル）」と「印刷版とウェブ版のセット購読（125ドル）」の2つの選択のフレームに注目させられる。この2つなら「印刷版とウェブ版のセット購読（125ドル）」の方がより好ましいので、被験者の多くはそれを選ぶというわけである。

　この実験は、フレーミングを利用したマーケティングが有効であることを示している。売り手は、おとりの選択を導入することによって消費者にとって選択の問題の枠組みをうまく再構築（フレーム）すれば、売り手が本当に売りたい商品を購入してもらうように誘導することが可能であると考えられる。

練習問題

1. ヒューリスティクスのメリットとデメリットをまとめなさい。
2. 代表性のヒューリスティクスとはどのようなものだろうか？
3. 第3節で紹介した「少数の法則」は、統計学で有名な「大数の法則」をもじったものである。「大数の法則」とは何かを調べなさい。
4. 利用可能性のヒューリスティクスとはどのようなものだろうか？
5. 係留（アンカリング）のヒューリスティクスとはどのようなものだろうか？
6. あなたの身近にあるフレーミングの例をあげなさい。

[注]

1　ダニエル・カーネマン（2012）『ファスト＆スロー　上』村井章子訳、早川書房、32頁。
2　Tversky, A. and D. Kahneman (1983) "Extensional Versus Intuitive Reasoning: The Conjunction Fallacy in Probability Judgment", *Psychological Review*, 90 (4), 293-315.

3 Terrell, D. (1994) "A Test of the Gambler's Fallacy: Evidence from Pari-mutuel Games", *Journal of Risk and Uncertainty*, 8(3), 309-317.
4 Tversky, A. and D. Kahneman (1973) "Availability: A Heuristic for Judging Frequency and Probability", in D. Kahneman, P. Slovic, and A. Tversky (Eds.), (1982) *Judgment under Uncertainty: Heuristics and Biases*, Cambridge University Press, 163-178.
5 https://www.npa.go.jp/toukei/seianki/h25hanzaizyousei.pdf
6 https://www.npa.go.jp/toukei/index.htm
7 http://www.mhlw.go.jp/toukei/saikin/hw/jinkou/kakutei14/dl/11_h7.pdf
8 Lichtenstein, S., P. Slovic, B. Fischhoff, M. Layman, and B. Combs (1978) "Judged Frequency of Lethal Events", *Journal of Experimental Psychology: Human Learning and Memory*, 4(6), 551-578.
9 ダニエル・カーネマン (2012)『ファスト&スロー 上』村井章子訳、早川書房。
10 Tversky, A. and D. Kahneman (1981) "The Framing of Decisions and the Psychology of Choice", *Science*, 211(4481), 453-458.
11 イツァーク・ギルボア (2012)『意思決定理論入門』川越敏司・佐々木俊一郎訳、NTT出版。
12 ダン・アリエリー (2008)『予想どおりに不合理』熊谷淳子訳、早川書房。

第3章

時間選好

本章のポイント

☑ 伝統的経済学でも用いられる「時間選好」を、行動経済学では直接的に測定し、新しい知見を得た。

☑ 異時点間の意思決定に関わる選好は、時間割引率の高低、双曲割引と指数割引、符号効果の有無、ナイーフとソフィスティケイテッドで分類・表現することができる。

　世の中には色々な人がいる。夏休みの宿題を先に片付けて遊びに行く人、後回しにしてしまう人。こつこつと貯金ができる人、ついつい使ってしまってできない人。ダイエットしようと思った時にきちんと節制して過ごして成功する人、ケーキやバイキングの誘惑に負けて失敗してしまう人。彼らはいったい、何が違っているのだろうか？

　「性格でしょ」と思われたかもしれない。その通り、性格なのである。

　心理学において、「性格」の測定は一大分野である。心理学の性格測定方法は、まず大きく類型論か特性論かに分けられる。人を何種類かに「タイプ分け」していくスタイルを類型論と呼び、例えば「あなたはコアラタイプ」などと出てくる動物占いのようなものをイメージしてもらうといいだろう。この場合、どんなタイプをいくつ用意すればいいのかについて考える必要がある。動物占いならば、何種類動物を用意すればいいのかという話である。一方、特性論は人の性格を構成する「要因」を取り出し、それぞれの要因の強さを示すようなスタイルのことである。これはゲームなどによくある、レーダーチャートで各

項目の能力値を示すようなものを考えるとわかりやすい。この場合、何を「要因」として取り出すべきで、最小の要因数はいくつなのかが問題となる。例えば「外向性」と「真面目さ」の程度だけですべての人の性格を説明できるだろうか？　「優しさ」もいるだろうか？　というふうに。この他にも、言語を用いる測定方法がいいのか、それとも絵を描かせる、絵を見せる、作業をさせるなどの非言語的な方法がいいのかなどについても諸派がある。このように、心理学では「性格」は非常に繊細かつ綿密に取り扱われて、多くの心理学者が長い年月にわたって研究を重ね、議論を繰り返してきている。

　一方、経済学における「性格」の取り扱いは非常にあっさりとしていて、伝統的には2種類、近年もう1つ加わって3種類の「性格要因」だけを考える。1つ目は「待つ」ことの感じ方、2つ目はリスクの感じ方、3つ目は他人に対する態度である。本章では、この1つ目の性格要因である**時間選好**について学ぶ。2つ目の「リスクの感じ方」については第4章で、3つ目の「他人に対する態度」は第5章で取り扱う。

1 異時点間選択

　冒頭で挙げた、宿題、貯金、ダイエットの例をもう一度考えてみよう。これらは一見ばらばらなテーマだが、実は共通点がある。そして（おそらく）驚くべきことに、すべてが経済学で扱われるテーマなのである。

　これら3つはすべて、「今」（あるいは近い未来）と「未来」（あるいは遠い未来）の間の選択問題になっている。宿題を「今」やるか、「あとで」やるか。お金を「今」使ってしまうか、貯金して「あとで」使うか。「今」美味しいものを食べてしまうか、我慢して「将来」美しい体を手に入れるか。このような、時間を越えた選択を経済学では**異時点間選択**と呼んでいる。消費と貯蓄の問題はミクロ経済学のテキストにも頻出しており、経済学部生にとってなじみ深いものだろう。経済学にとって消費と貯蓄の問題、つまり異時点間選択の問題は重要なものなのだ。

消費するか貯蓄するかという問題は、手に入れたお金を今すぐ使うか、それとも銀行に預けてあとで使うかという選択である。銀行に預けると、利子がつく。つまり、「待つ」ことで報酬が増える。経済学では、人間は死ぬまでに得られる幸福度の総計を最大にしたいと考えている。これを生涯効用の最大化という。様々なものを捨象したせいで現実と乖離している部分も多い経済学だが、生涯効用最大化は非現実的な仮定ではない。今の辛い状況があとで大きな幸福を伴って報われるとわかっているならば、多くの人は我慢するだろう。しかし、我慢しすぎて死んでしまっては元も子もないので、「今」の辛さと「将来」の幸福の大きさを天秤にかけて、トータルで得られる幸福度が一番大きくなるように選択しなければいけない。したがって、このような異時点間の選択問題を考える時、「待つことの嫌さ」を考慮しなければいけない。

今、1万円もらうと100、5000円もらうと70嬉しいという人が2人いるとしよう。この2人に、「今すぐ5000円もらうのと、1ヵ月待って1万円もらうのとどちらがいいか」と尋ねる。「今」と「1ヵ月後（未来）」の間の問題になっているから、異時点間選択の問題である。

2人のうちの1人、Aくんは待つことがほとんど苦にならず、Aくんの「1ヵ月待つ嫌さ」は5であるとしよう。「1ヵ月後に1万円もらう」ことを選んだときにAくんが手に入れる効用は、1万円手に入れる嬉しさから待つことの嫌さを引かなければいけない。Aくんの場合100−5＝95となり、これは今すぐ5000円もらった時の効用70よりも大きい。したがって、Aくんは1ヵ月待って1万円もらうことを選び、95の効用を手に入れる。一方、待つのが嫌で嫌で仕方ないBくんの「1ヵ月待つ嫌さ」は90であるとしよう。Bくんが1ヵ月待って1万円手に入れたときの効用は100−90＝10であり、かなり小さくなってしまっている。Bくんは今すぐに5000円もらって70の効用を手に入れた方が幸せなので、そちらを選択する。

このように、待つことがどの程度嫌なのかによって選択が変わり、行動が変わっている。また、「待つことの嫌さ」を考えることによって、2人の性格の違いを描写できている。この「待つのがどの程度嫌か」を、経済学の専門用語で「**時間割引率**」と呼ぶ。報酬による効用が、時間の経過によって割り引かれて

いるのでこのような名前になっている。今日もらったら100嬉しかった1万円が、1ヵ月という「時間」が経つことによって10という嬉しさに「割り引かれて」しまっている。上で見たAくんのような、待つのが苦ではない人（割り引かれない人）を「時間割引率が低い人」といい、Bくんのように待つのが嫌な人（時間によって大きく割り引かれる人）を「時間割引率が高い人」、という言い方をする。

　消費と貯蓄という基礎的な問題を通して、時間割引率は経済学に大きく影響する。しかし伝統的な経済学では、時間割引率を具体的に測定することはなかった。具体的な数字がわかっていなくても数学的には困らないからである。経済学の教科書の練習問題などで数値を与える必要がある時は、0.8ぐらいとされることが多い（例えば1年後にもらえる1万円は、今すぐ8000円もらうのと同じぐらいの魅力。2000円分割り引かれてしまっている）。また個人差は考慮されず、すべての人が同じ時間割引率を持っていると仮定されることがほとんどだった。しかしこの0.8という割引率は妥当な数値なのだろうか？　個人差は本当に無視していい程度なのだろうか？　より現実を説明する経済理論を構築するためには、実際に人々の時間割引率を測定し、その大きさと個人差の程度を知る必要がある。現実世界とのリンクを重視する行動経済学によって、時間割引率を測定しようという試みが始まったのは自然なことであった。

2　時間割引率の測定方法

　それでは、この時間割引率をどのように測定すればいいだろうか。測定にはアンケートの回答を用いる方法、実験による方法、日常の行動を観察する方法などが考えられる。ここでは最も簡便な、アンケートを用いた時間割引率の測定方法を紹介しよう。

問1

今日10000円もらうか、7日後にいくらかもらうかのどちらかを選べるとします。今日10000円もらうこと（Aで表します）と、7日後に下記の表のそれぞれの行に指定した金額をもらうこと（Bで表します）を比較して、あなたが好む方を○で囲んでください。8つの行それぞれについて、AまたはBを○で囲んでください。

	A 今日受け取り	B 7日後受け取り	年利	選択		切り替わりの利子率
						0%
(1)	10,000円	10,000円	0%	A	B	
						5%
(2)	10,000円	10,019円	10%	A	B	
						25%
(3)	10,000円	10,076円	40%	A	B	
						70%
(4)	10,000円	10,191円	100%	A	B	
						150%
(5)	10,000円	10,383円	200%	A	B	
						250%
(6)	10,000円	10,575円	300%	A	B	
						650%
(7)	10,000円	11,917円	1000%	A	B	
						3000%
(8)	10,000円	19,589円	5000%	A	B	
						5000%

（出所）大阪大学GCOE調査「くらしの好みと満足度についてのアンケート」

　下の行に行くほど（B）の7日後に受け取れる金額が増えているので、どこかで選択が（A）から（B）に切り替わるはずである。例えばある人が、（3）の10076円なら「今日10000円を受け取る方がいい」と思ったが、（4）の10191円なら「7日後受け取りの方がいい」と考えたとしよう。つまりこの人は、76円のために7日は待てないが、191円なら待てるということだ。この人にとって

の「今日の10000円」の価値とちょうど釣り合う「7日後の金額」は10076円から10191円の間にあるといえる。便宜的に、中央値である10134円で切り替わるとしよう（切り替わらなかった人（すべての設問についてA、Bと回答した人）については中央値がないので、0円と19589円で切り替わるとしておく）。つまり今のこの人にとって、「今日の10000円」と「7日後の10134円」はちょうど同じ価値を持っている。この2つの金額の差は「7日間待つのならこのぐらいの利子をください」という額を表しており、利子が高いほど待つのが嫌な人である。7日で134円の利子は、1年につき70%の利子を要求していることになる。他の切り替わり点の利子率については表の最右列で確認できる。これをそのままその人の時間割引率と考え、多くの研究で用いられている。

3 マシュマロ・テスト

　上記とは異なったやり方の行動実験で時間割引率を測定した例として有名なのは「**マシュマロ・テスト**」である。これはミシェル（Walter Mischel）とエッベセン（Ebbe B. Ebbesen）が1960年代に行った実験である[1]。子供の目の前にマシュマロを1つ置き、実験者は「私が戻ってくるまでこれを食べなければ、もう1つマシュマロをあげる」と言って部屋を出ていく。子供たちは、どのように振る舞うだろうか？　結果は様々である。部屋を出るや否や口に運んでしまう子。悩みに悩んで、途中で食べる子。実験者が戻ってくるまで我慢し、2つのマシュマロを手に入れる子。マシュマロ・テストの結果から、「待てるかどうか」に大きな個人差があることが見て取れ、その差は既に幼少期に発現していることがわかる。

　マシュマロ・テストの参加者にはその後40年にわたって様々な追跡調査が行われており、マシュマロ・テストで待てた子供は周囲から優秀であると思われがちで、実際にSAT（アメリカの大学進学適性試験）の試験点数も高かったことや、肥満や薬物依存になりにくいことなどが明らかにされている[2]。

4 時間割引率の個人差

 それでは、実際にアンケートで時間割引率を測定した結果を紹介しよう。この節で紹介するのは大阪大学GCOE調査「くらしの好みと満足度についてのアンケート」の結果である(この調査は申請すれば誰でも使用することができる)。ここで紹介するのは、2010年の調査結果である。この調査は全国の20〜60歳の男女に対して行われている。この調査の時間割引率は第2節で紹介したのと同じ、8つの選択肢によって測定されている。初めに、日本の時間割引率の分布を図表3-1に示した。

 最も多いのは年率5%の時間割引率、つまり「19円でも待てる」という選好を持つ人であるが、すべての利率に万遍なく分布しており、追加的に9589円もらっても待たない人(すべての設問でAを選んだ人)も約3%存在していることがわかる。この分布から、時間割引率にはかなりの個人差があるといえるだろう。

 時間割引率の実際についてもう少し詳しく理解するため、属性別に集計して

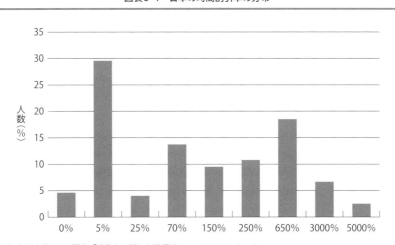

図表3-1　日本の時間割引率の分布

(出所) 大阪大学GCOE調査「くらしの好みと満足度についてのアンケート」

図表3-2 男女別の時間割引率分布

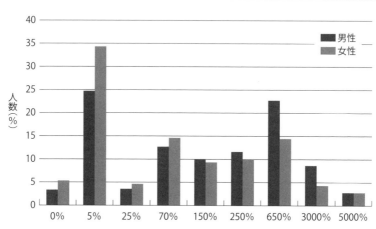

(出所) 大阪大学GCOE調査「くらしの好みと満足度についてのアンケート」

みよう。図表3-2には、男女別の時間割引率を示した。

男性の時間割引率の中央値は150.0%、女性は70.0%であり、男性の方が待てないといえる。しかし、実はこの差がすべて性差によって生じているとはいえない。図表3-3を見てみよう。これは喫煙者と非喫煙者の時間割引率の分布であり、喫煙者の方が右に寄った分布を示している。中央値でも、喫煙者が150.0%、非喫煙者が70.0%となっており、喫煙者の時間割引率が高い（待てない）ということがわかる。3000%や5000%といった大きな数値に引きずられるので、文中では中央値を報告している。平均値は男性479.1%、女性357.0%、喫煙者は485%、非喫煙者は362%と同様の傾向がみられる。喫煙者の方が高い時間割引率を持つことは多くの研究で示されており、女性に比べて男性に喫煙者が多いことから、喫煙者と非喫煙者の差が性別を通して現れ、時間割引率に性差があるように見えていたのだと考えられる。また、神経経済学研究でも、喫煙者の遅延報酬に対する線条体の報酬反応が弱いことが示されている。

実際に回帰分析を用いて、喫煙の影響を取り除いた純粋な性差だけを見てみると、男女差はほとんどないことがわかっている。

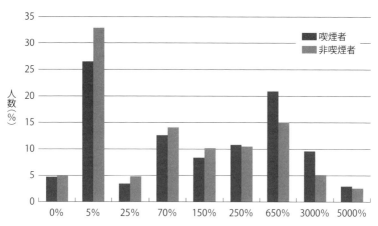

図表3-3　喫煙有無と時間割引率の分布

（出所）大阪大学GCOE調査「くらしの好みと満足度についてのアンケート」

　薬物、アルコールなどタバコ以外の中毒財と時間割引の関係についても多くの研究があり[3]、中毒財を消費する人の時間割引率が高いことを一貫して示している。

　ただし、ここで示したのはあくまで喫煙（中毒）と高時間割引率の「相関」であって、喫煙（中毒）がきっかけで待てなくなるのか、元々待てない人が喫煙するようになるのかはわからない。

　年齢と時間割引率についてはどうだろうか。年を取るほど、待っている間に死んでしまう確率が高くなるので、時間割引率は高くなると予想できる。図表3-4に、年代ごとの時間割引率の平均値を示した。縦軸が上になっているほど待てない世代である。晝間・池田も、社会人に限定すると年齢が増加するほど時間割引率が高くなることを示している[4]。

　年齢による違いを議論する際、年齢効果なのか世代効果なのかを識別する必要がある。つまり、「30代の時は誰でも待てない」のか、「現在30代の世代（例えば2010年のデータであれば1971～1980年生まれの人）は他の世代よりも待てない」のかを区別しなければいけない。前者を年齢効果（ライフステージ効

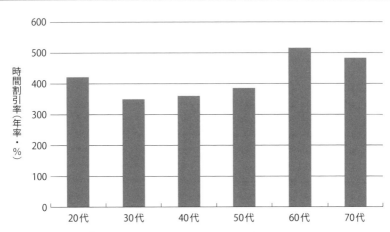

図表3-4　年代別の平均時間割引率

(出所) 大阪大学GCOE調査「くらしの好みと満足度についてのアンケート」

果ともいう)、後者を世代効果と呼ぶ。両者の識別方法に関しては、第8章で詳しく解説する。

　紹介している大阪大学の「くらしの好みと満足度についてのアンケート」はアメリカと中国でも同じ調査を行っているので、国際比較をすることができる。アメリカと中国、日本の分布を図表3-5に示した。日本とアメリカはよく似た形をしているが、中国は少し違っている。中国では低い時間割引率や極端に高い時間割引率を持つ人が少なくなっている。

　ただし、この比較には問題もある。この調査は日本では「今日の1万円」で尋ねており、アメリカ調査では「今日の100ドル」、中国調査では「今日の200元」で尋ねている。2010年の調査時点では1ドル＝約90円であり、1元＝約13円であった。したがって、中国では「今日3000円もらうか、7日後にいくらもらうか」の選択を聞いていることになっている。あとで説明する金額効果が大きく効いてくるため、単純な比較には注意が必要である。

図表3-5 日本、アメリカ、中国の時間割引率の分布

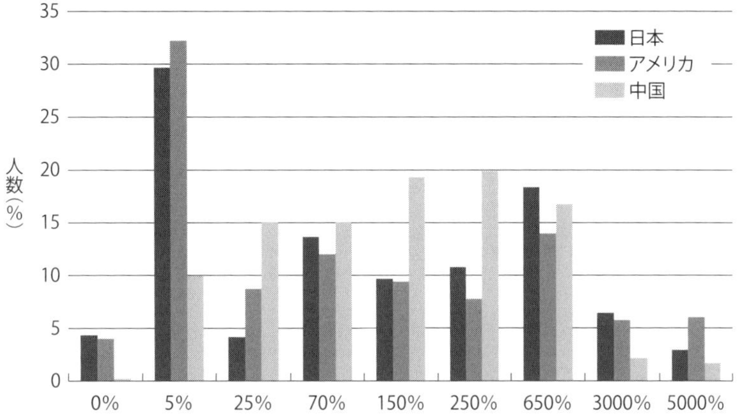

（出所）大阪大学GCOE調査「くらしの好みと満足度についてのアンケート」

5 先延ばしと後悔のメカニズム

　経済学は、人々を幸福にする方法を模索する学問である。したがって、政策つまり政府の力で誰をどこまで助けるかということが、経済学にとって重要である。

　第4節で、時間割引率の高い待てない人と、時間割引率が低く待てる人がいることがわかった。しかし、どのような時間割引率を持っていても、それはその人の「性格」であるので、是正する必要はない。それでは、経済学が助けなければいけないのは、どのような人だろうか。

　この章の冒頭で述べた、夏休みの宿題を例にして考えてみよう。夏休み最終日に宿題が残っている人には、「早いうちに終えてしまおうと思ってやらなかった人」と、「もともと最終日にやろうと思っていた人」の2種類が含まれている。

　第1節で述べたように、人は生涯効用の最大化を目指して異時点間の選択を

行い、行動している。元々最終日にやろうと思っていた人にとっては、夏休み最終日に宿題をすることは予定通りなので、**後悔**したり不幸になることはない。最終日に宿題をすることが、彼らの生涯効用を最大にするのだ。このような人は現状そのままで幸せなので、政策が介入する必要はない。むしろ政策で無理にこの人たちの行動を変えると、彼らは不幸せになってしまう。一方、やろうと思っていたのにやらなかった人は、本当は最終日にやりたくなかったのにやらざるを得なくなっているので不幸であるし、計画通りにいかなかったことを後悔する。彼らは生涯効用を最大化できるような計画を立てたにもかかわらず、それを実行することができない。経済学は、このような人が当初の計画を守れるように手伝ってあげるべきなのである。計画通りに行動できるか・後悔するかどうかという自制心の強弱も、経済学において重要な選好パターンであるといえる。そしてこれは、時間割引率の高低とは区別して扱う必要がある。最終日にやろうと思っていた人は時間割引率が高いだけで、自制心がないわけではない。

　上で見たような後悔のメカニズムは、時間割引率を用いた経済理論で説明できる。次の問題（問2）を考えてみてほしい。

　先程の問1と同じに見えるが、今と7日後ではなく90日後と97日後の間の異時点間選択となっている。どちらも「7日間待つことの嫌さ」を尋ねているのだが、あなたの結果は同じだろうか？　比べてみてほしい。
　問1の時間割引率の方が問2の時間割引率よりも大きい人、つまり「今だったら待てないけど未来（90日後）なら待ってもいい」という現象が生じている人は、先延ばししたり後悔したりするタイプである。このような人はその割引関数の形状から「**双曲割引**」と呼ばれる。割引関数の形状については、「より進んだ内容」を参照されたい。一方、今から7日間待つ時に要求する金利と、90日後から7日間待つ時に要求する金利が同じ人は「**指数割引**」と呼ばれ、後

問 2

90日後に10000円もらうか、97日後にいくらかもらうかのどちらかを選べるとします。90日後に10000円もらうこと（Aで表します）と、97日後に下記の表のそれぞれの行に指定した金額をもらうこと（Bで表します）を比較して、あなたが好む方を○で囲んでください。8つの行それぞれについて、AまたはBを○で囲んでください。

	A 90日後受け取り	B 97日後受け取り	年利	選択		切り替わりの利子率
						0%
(1)	10,000円	10,000円	0%	A	B	
						5%
(2)	10,000円	10,019円	10%	A	B	
						25%
(3)	10,000円	10,076円	40%	A	B	
						70%
(4)	10,000円	10,191円	100%	A	B	
						150%
(5)	10,000円	10,383円	200%	A	B	
						250%
(6)	10,000円	10,575円	300%	A	B	
						650%
(7)	10,000円	11,917円	1000%	A	B	
						3000%
(8)	10,000円	19,589円	5000%	A	B	
						5000%

（出所）大阪大学GCOE調査「くらしの好みと満足度についてのアンケート」

悔しないタイプである。

　なぜ双曲割引の人が後悔するのか、具体的に見ていこう。今日が7月1日だとして、Aくんに問1と問2を回答させ、実際にその選択通りにお金を支払うという実験を考える。その結果が以下のようなものだったとしよう。

> 7月1日現在
> (1) 今日（7月1日）の10000円と7日後（7月8日）の10019円のどちらがいいか？
> Aくんの回答：今日の10000円の方がいい（待てない）
> (2) 90日後（9月29日）の10000円と97日後（10月6日）の10019円のどちらがいいか？
> Aくんの回答：10月6日の10019円の方がいい（待てる）

したがってAくんは、7月1日当日に10000円受け取り、10月6日に10019円もらうという契約を結んで帰る。そして今、実際に90日経ったとしよう。7月1日時点の90日後が「今日」に、97日後が「7日後」になる。Aくんには「7日後の10019円よりも今日の10000円の方が魅力的」なのだから、9月29日にもう一度問1を尋ねてみると、次のように答える。

> 9月29日現在
> (3) 今日（9月29日）の10000円と7日後（10月6日）の10019円のどちらが1いか？
> Aくんの回答：今日（9月29日）の10000円の方がいい（待てない）

しかし日付で見ると、(3)で尋ねていることは(2)と全く同じである。それなのに、意見が変わってしまっている。7月1日時点では10月6日に10019円もらう方が魅力的だったのだが、9月29日時点では19円のために1週間待つのは不幸でしかなく、当日に10000円もらう方が効用が大きい。しかしAくんは10月6日に10019円受け取る契約を結んでしまっているので、不幸になりながらも待たなければならない。ここに後悔が生じる。

彼にとっては「今日お金がもらえる」ということは非常に魅力的に映っており、「90日後にお金がもらえる」という時とは異なった処理をしていた。つまり、直近の時間割引率と遠い将来の時間割引率が等しくなかった。このように

直近の時間割引の方が大きい人を双曲割引という。双曲割引により、「今なら待てないが90日後なら待てる」ということが生じる。このように直近にもらえる報酬を重視してしまうことを、「**近視眼的**」であるという。近視眼的であることにより、上で見たように時間の経過によって最適解が変わる。これを時間非整合性と呼び、時間非整合性を持つかどうかが後悔するかどうかを決定付ける。

一方、遠い将来の異時点間選択問題と直近の異時点間選択問題の答が同じ人は時間割引率が一定であり、指数割引を持つといわれる。彼らにとっては、最初に決めた最適解はどれだけ時間が経っても最適なままであるので、後悔することはない。

6 時間割引率のアノマリー

従来の経済理論では、時間割引率は一定とされてきていた。しかし、行動経済学で実際に時間割引率を測定したことにより、理論からの乖離があることがわかってきた。それらの結果は、理論から外れた結果**アノマリー**として扱われてきたが、時間割引率は個人間でも個人内でも、予測不能なほどに不安定なものなのだろうか。それともその乖離には何か一般的な法則性があるのだろうか？

アノマリーの原因を明らかにするために、少しずつ条件を変えて実験を行ってみることにする。

(A)【 s 】日後に【 X 】円もらう
(B)【 t 】日後に【 Y 】円もらう

このようなフレームを作れば、問1は$s=0$、$X=10000$、$t=7$であり、問2は$s=90$、$X=10000$、$t=97$と書くことができる。s、X、tを固定した状態でYを変えていく、つまり様々な利率での選好を尋ねることによって、個人の時

間割引率を計測することができる。このような測定により、時間割引率には3つのアノマリーがあることがわかった。3つのアノマリーはそれぞれ**遅延効果**、**期間効果**、**金額効果**と呼ばれる。どうやらわれわれが待てるかどうかは、これらのもの（遅延、期間、金額）に影響を受けているようである。

遅延効果とは、s（先の方の日付）によって生じる変動である。第5節で見た双曲割引の話はそのまま、この遅延効果になる。つまりsに遅延がない（「今日」に近い）ほど、時間割引率が大きくなる。直近であるほど、時間割引率が大きくなるという効果である。

期間効果とは、$t-s$（2つの時点の期間）を原因とするアノマリーである。例えば、1週間お金を借りるのに、週率で1%の金利を払ってもいいと思っている人がいるとしよう。この人が3週間借りる時、3週間で3%（週率1%）の利率で納得するだろうか。それとも3%以上払ってもいいと思っているだろうか？3%より低くないと嫌だろうか？　実験の結果、期間が長くなるほど、時間割引率が低くなることが示されている。つまり期間を長くすると、同じ利率であっても待てるようになる。

金額効果とは、X（先の時点の報酬）に関する変動である。例えば、「今日の100万円と、1年後の101万円のどちらがいいか」という質問に、あなたはどのように回答するだろうか。その回答は、「今日の10000円と、1年後の10100円のどちらがいいか」という質問の答えと、同じになっているだろうか？　この2つの質問はどちらも年利1%と同じだが、実際にアンケート調査で測定してみると、前者（100万円）の時間割引率は平均2%、後者（10000円）では平均12%となる。金額が大きいときの時間割引率は低くなる（金額が多いと待つようになる）ということがわかる。

このように、ある額の利子を提示された時に待てるか待てないかは単純に予測することはできず、その遅延、期間、金額といったものを考慮しなければわからない。時間割引率は従来の経済学が想定してきたように不変かつ一定なものではなく、個人の中でも揺らぎがあるものであるといえる。さらに、これら3つのアノマリーに加え、**「符号効果」**も重要であるといくつかの研究が示している。

> **問 3**
>
> 今日10000円もらうことと、7日後に10500円もらうことのどちらがいいか？

という質問は、「報酬の受け取りを7日間待つ際に要求する利子率」を尋ねることで、お金の受け取りに関する時間割引率を測定することができていた。

これと同じことは、お金を支払う時にも見られるだろうか。つまり、

> **問 4**
>
> 今日10000円支払うことと、7日後に10500円支払うことのどちらがいいか？

という質問の結果は、問3と同じになるだろうか？

実は、同じにはならないことが多くの研究で示されている。大阪大学の調査では、「1ヵ月後に100万円もらうか、それからさらに1年後の13ヵ月後にいくらかもらうかのどちらかを選べるとします」という質問と「1ヵ月後に100万円支払うか、それからさらに1年後の13ヵ月後にいくらか支払うかのどちらかを選べるとします」という2つの質問をしている。その結果、100万円を受け取る際の時間割引率は平均で1.16%であるのに対して、100万円の支払いの時間割引率は0.22%にすぎなかった[5]。これを「符号効果」という。時間割引率が報酬の符号に左右される、つまり報酬がプラスの時（受け取り）とマイナスの時（支払い）で選択が異なるので、このように呼ばれる。

符号効果は、第4章でみる損失回避という特性と関係しているが、これを示す人と示さない人がいる。符号効果を持つ人は「嫌なことは早く済ませてしまいたい」人で、将来の損失が将来の利得ほどには割り引かれない人である。

7 更なる分類：ナイーフとソフィスティケイテッド

　ここまでで、時間割引率の高低、双曲割引と指数割引という、2つの分類を行ってきた。さらに加えて、双曲割引を持つ人の中にも2種類いることがわかっている。それは**ソフィスティケイテッド**と**ナイーフ**と呼ばれている。

　ソフィスティケイテッドとは「自覚のある人」のことで、「自分は双曲割引を持つ」、つまり目先の報酬に目が眩みがちであるとわかっている人のことを言う。彼らは自身の自制心が不完全であることを認識しているので、それを防ぐ手立てを取ろうとする。一方ナイーフな人は「自覚のない人」のことであり、自分が双曲割引であることを知らず、自制心が弱いことにも気付いていない。

　第5節で、経済学は後悔するような人（双曲割引を持つ人）を助けるような政策を提案すべきであると書いた。しかし、具体的にはどのように助ければいいのだろうか。「計画通りに実行できない」のを防ぐ簡単で効果的な方法は、「来月までに3kg痩せなかったら、Aさんに10万円払います」や、「7月中に宿題が終わらなかったら、8月のお小遣いは0円でいいです」というような宣言をしておくことである。計画通りにならなかった時のペナルティをあらかじめ宣言しておくことで、自身を計画に縛りつけておくのだ。これを「**コミットメント**」という。自身の自制心の弱さに気が付いているソフィスティケイテッドたちは、既にこのような対応策を取っている可能性がある。実際に導入されているコミットメントの仕組みについては、第9章で紹介する。

　ここでは、アリエリー（Dan Ariely）とベルテンブロック（Klaus Wertenbroch）が行った実験を紹介しよう[6]。彼らは3つのクラスに、12週間の学期中に3つの課題レポートを出すように指示をした。1つ目のクラスでは全く締切を設けず、最後の講義までに3つのレポートを提出すればいい。2つ目のクラスでは、第4週、第8週、第12週にそれぞれレポートを出すように強制した。そして最後のクラスでは、3つのレポートをいつ提出するのかを自身で決定し、紙に書いて提出するようにした。どのクラスでも、締切に遅れた場合はペナルティとして成績から減点される。

3つ目のクラスで、学生たちはどのような締切を決めただろうか。学生たちが先延ばしをしない合理的経済人であれば、最も合理的なのは最後の12週目に3つの締切を持ってくることだ。早く出すことのメリットは何もないので、ペナルティを喰らう可能性を最小限にしておくべきだからである。もし学生たちがソフィスティケイテッド、つまり自分たちの自制心のなさに気付いているのであれば、先延ばしをしないように細かな締切を設定するだろう。アリエリーたちのクラスの学生の多くは、学期中に散らばるように3つの締切を設定していた。つまり、彼らは自身の自制心のなさを感じているのである。

　それでは、この締切を使ったコミットメントが有益だったかどうかを見てみよう。最終成績は、締切のなかったクラスが一番悪く、強制的に締切を与えたクラスが最も良かった。つまり、締切を自身で設定したクラスの学生は、締切が全くないときよりは良く振る舞えた。自分で設定した目標が、コミットメントとして機能したのだ。しかし、強制的に締切が与えられたクラスほどは良い成績ではなかった。つまり、自分のパフォーマンスを最大化できていない。彼らは自制心のなさを自覚してはいるものの、完璧にわかっているわけではないといえる。

8　生活の中の時間選好

　ここまでに述べたような分類を使えば、実際の行動、例えば肥満や借入行動を説明できる。肥満や借入行動は、時間割引率が表面化した例として行動経済学で扱われる。つまり、肥満は美味しいものという目先の報酬を選んだ結果であり、借入は目先の現金を優先した結果であると考えるのだ。池田らの研究では、強い双曲割引を示す人のBMIが高い（太っている）ことを示し、さらにその中でも、符号効果を持たない人のBMIが高いことを示した[7]。また池田らは、符号効果を持つ人は、符号効果を持たない人に比べて借入をする確率が6.1ポイント低く、借入した場合であっても借入額が23万円低いことを示している。このように、双曲割引の有無、ソフィスティケイテッドかナイーフか、符号効

果の有無によって行動が異なっている。実際の行動を説明するには、時間割引率の高低だけではなくこれらの分類も重要である。

> **練習問題**
>
> ❶ ダイエットを例にとり、(1) 時間割引率の高い人、(2) 双曲割引の人、(3) ソフィスティケイテッドな人はそれぞれどのような行動をとるか考えてみなさい。
>
> ❷ s、t、X、Yをどのように変化させていけば、時間割引のそれぞれのアノマリーを明らかにすることができるだろうか。具体的な数値を用いて、実験条件を考えなさい。
>
> ❸ 金額効果をできるだけなくして時間割引率の国際比較を行うにはどのようにすればいいか考えなさい。

[注]
1 Mischel, Walter and Ebbe Ebbesen (1970) "Attention in Delay of Gratification", *Journal of Personality and Social Psychology*, 16 (2), 329-337.
2 Mischel, W., O. Ayduk, M. Berman, B. Casey, I. Gotlib, J. Jonides, E. Kross, T. Teslovich, N. Wilson, V. Zayas, and Y. Shoda (2011) "'Willpower' over the Life Span: Decomposing Self-Regulation", *Social, and Affective Neuroscience*, 6 (2), 252-256.
3 Bechara, Antoine (2005) "Decision Making, Impulse Control and Loss of Willpower to Resist Drugs: A Neurocognitive Perspective", *Nature Neuroscience*, 8(11), 1458-1463. および Cloninger, C. Robert (1987) "Neurogenetic Adaptive Mechanisms in Alcoholism", *Science*, 236 (4800), 410-416.
4 晝間文彦・池田新介「経済実験とアンケート調査に基づく時間割引率の研究」『金融経済研究』第25号、14-33頁、2007年10月。
5 池田新介 (2012)『自滅する選択——先延ばしで後悔しないための新しい経済学』東洋経済新報社。
6 Ariely, Dan and Klaus Wertenbroch (2002) "Procrastination, Deadlines, and Performance: Self-Control by Precommitment" *Psychological Science*, 13 (3), 219-224.
7 Ikeda, Shinsuke, Myong-Il Kang and Fumio Ohtake (2010) "Hyperbolic discounting, the sign effect, and the body mass index", *Journal of Health Economics*, 29 (2), 268-284.

第4章

リスク選好とプロスペクト理論

本章のポイント

- ☑ 限界効用が逓減する通常の効用関数は、不確実性下では危険回避を示す。
- ☑ 伝統的経済学では期待効用仮説で不確実性を取り扱っている。
- ☑ 人々はリスクを嫌う。
- ☑ 人々は、期待効用仮説と矛盾する選択をすることがあるが、それらを説明する仮説としてプロスペクト理論が提唱された。
- ☑ 人々は曖昧さを嫌う。

　世の中は不確実性に満ちている。人々はこの不確実性にどのように対処して生きているのだろうか。本章では、この問題に対して、行動経済学ではどのように考えるかを取り上げる。リスクや不確実性に対する態度は、経済学において、時間選好と並んで、人間の行動に影響を与える重要な要素（経済学では選好と呼ぶ）である。実際、最も単純な経済学のモデルにおいては、人間の個性はこの2つの選好の違いで記述され、経済の主要な変数はこの2つに依存して決定される。

　本章では、まず、伝統的経済学ではどのように不確実性を理論化しているかを説明し、次に、現実にはその理論と矛盾する行動が多く見られることを説明しよう。そして、現実の現象をより良く説明する理論として、行動経済学のプロスペクト理論を説明する。

1 サンクトペテルブルクのパラドックス

満足度（経済学では**効用**と呼ぶ）は、得られた金額が大きくなるほど大きくなるという性質を持っているが、例えば同じ100円がもたらす満足度の増分は、金額が大きくなるにつれ、小さくなるという性質（経済学では、限界効用の逓減という）も持っている。このことを、その発見の経緯を通じて説明しよう。

18世紀に、流体力学で有名なベルヌーイ（Daniel Bernoulli）は次のようなくじにたいして、人々は一見奇妙な選択をすることを示した。

> コインを投げて、最初に表が出れば2円もらえて終了する。表でなく裏が出れば、2回目のコイン投げをする。そこで表が出ればその2倍の$2 \times 2 = 2^2$円＝4円もらえて終了する。裏が出れば、3回目のコイン投げをする。そこで表が出ればそのまた2倍の$2 \times 4 = 2^3$円＝8円もらえて終了する。裏が出れば、4回目のコイン投げをする。これを表が出るまで続ける。

あなたは、このくじをいくらまでなら払って購入するだろうか？

私が授業で学生にアンケートをとったところ、平均値は36円、中央値は4円、最頻値は2円、最大値は1000円であった。このくじに10万円払うという人はおそらくいないのではなかろうか。

この事象が理論と乖離していることを示すためには、**期待値**という考え方を知る必要がある。今、「コインを投げて表が出たら200円、裏が出たら0円」という賭けを、100人の人が行ったとしよう。コインは確率的には1/2で表が出るので、100人中50人ほどは表が出るはずで、残りの50人ほどは裏が出るはずだ。つまり50人は200円もらい、50人は何ももらえない。この時、この100人全体を見て「平均するといくらもらえたのか」を考える。50人が200円もらい、50人が何ももらえなかったのだから、平均すると1人あたり100円もらえていることになる。100人のうち、実際には200円もらうか0円もらうかのどちらかの人しかいないのだが、「全体としてまとめて考えると、1人あたり100円もら

える」ということがわかる。これが「コインを投げて表が出たら200円、裏が出たら0円」という賭けの評価であり、「期待値」と呼ばれるものである。

ところが、このくじで得られる賞金の期待値は無限大なのである（〈より進んだ内容1〉参照）。これは意外な結果であるが、次のように考えれば理解できよう。1回目に賞金が得られる（つまり、1回目に表が出る）時の賞金の期待値は、賞金（2円）×1回目で表が出る確率（1/2）＝1円である。2回目に賞金が出る時の賞金の期待値は、賞金（2^2円）×1回目で裏が出て2回目で表が出る確率$(1/2)^2$＝1円となる。どの回でも賞金の期待値は1円であり、次の回に進む確率は常に0より大きいので、このくじの賞金の期待値は1円を無限回足した無限大となるわけである。

期待値がわかりにくい人は、たくさんの人の平均で考えてみよう。1万人が同時に上のゲームをしたとする。コインは1/2で表が出るので、5000人は表が出るはずである。したがって、この5000人は2円もらってゲーム終了となる。残りの5000人は0円なので、全員をまとめて見て「平均すると」1円もらうことになる。次に残りの5000人で2回目のコイン投げを始めると、また半数の2500人は表が出るはずである。表を出した2500人は4円をもらってゲームを終了する。残りの7500人は0円である。したがって、全員をまとめて見て平均すると1円もらうことになる。さらに、裏を出した2500人で3回目のコイン投げを始めると、やはり半数の1250人が表を出して8円もらって終了する。全員をまとめて見て平均するとやはり1円もらうことになる。そして裏を出した1250人が4回目のコイン投げに進むはずだ。これを繰り返すと、コイン投げの回数が進むにつれて人数は減少していくものの、誰かが次の回に進むことができている。今は1万人で行うことを考えたので、14回目のコイン投げで1人になって終わってしまうが、10万人で始めれば17回まで続く。100万人であればそれよりも先の回まで誰かが進むはずだし、1000万人や1億人であればさらに先の回まで進むはずだ。そして、どのラウンドでも最初の全員にとって、平均にもらう金額は1円ということになる。

賞金の期待値が無限大であるくじを36円ぐらいにしか評価しないのだから、これは奇妙である。パラドックスと呼ばれるゆえんである。

図表4-1　対数関数の形状

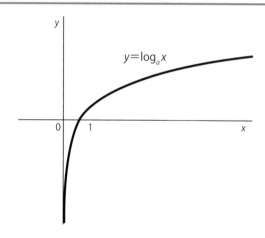

　しかし、どう考えても、このくじに高い値をつけることはできそうもない。半分の確率で2円しかもらえず、1/4の確率で4円しかもらえず、1/8の確率で8円しかもらえない。16円以上の賞金を得られる確率は1/8しかないというくじなのだから。

　このパラドックスを解くカギは、このくじのリスク（分散が大きいこと）に目を向けることである。このくじは巨額の賞金を得る可能性があるが、その確率は極めて小さいのである。例えば賞金が1兆円になっている時、それを得る確率は1兆分の1にすぎない。このくじの分散は無限大であり、極めてリスキーなくじなのである。そして、人々はリスクを嫌うと考えれば、このくじが安くしか評価されないことに納得がいくだろう。

　ベルヌーイはより説得力のある説明を提唱した。それは、「われわれがくじを評価する時、くじで得られる賞金額そのものではなく、くじから得られる満足の大きさで評価するのである。また、賞金額が多くなるほど、1円あたりの満足は小さくなる」という説明である。つまり、現在の経済学の用語で言えば、ベルヌーイは「効用」の概念を提唱し、限界効用は逓減する（つまり、金額の増分がもたらす効用の増分は、金額が大きくなるにつれて小さくなる）と指摘したのである。賞金額が2倍になっても、それから得られる満足度は2倍以下

にしか増えない、ということである。

　このくじの値付けは小さな金額であるはずであることを理論的に示すことができる。例えば、われわれの効用関数が対数関数であるならば、われわれはこのくじを4円でしか買わない（〈より進んだ内容2〉参照）。対数関数がどのようなものであるかは、図表4-1に示されている。

　危険（リスク）を嫌うという説明と、限界効用が逓減する（金額の増分がもたらす効用の増分は、金額が大きくなるにつれて小さくなる）という説明はどのような関係があるのだろうか。実は、限界効用が逓減する人は、不確実な状況のもとでは**危険回避**の態度を示すのである。これは第3節で説明する。

2　期待効用仮説

　不確実な状況のもとでは、人々はどのような満足度を感じるのだろうか。これに関する標準的な仮説が、フォン・ノイマンとモルゲンシュテルンが提唱した**期待効用仮説**である[1]。

　不確実と言っても、どのような状態がどのような確率で生じるのかはわかっているとする。この時、各状態で得られる効用にそれが生じる確率をかけて足し合わせたものを、期待効用と定義する（〈より進んだ内容3〉参照）。

　例えば、外出する時に、傘を持っていくかどうかを考えるとする。雨が降る確率を0.2（20%）であると思っているとする。傘を持って行った時の期待効用を計算しよう（図表4-2参照）。雨が降った時の効用が10であり、雨が降らなくても10の効用を得るとする。この時、期待効用は、$10 \times 0.2 + 10 \times 0.8 = 10$である。一方、傘を持っていかなかった時は、雨が降った時の効用が0で、降らなかった時は12であるとしよう。この時の期待効用は$0 \times 0.2 + 12 \times 0.8 = 9.6$である。したがって、傘を持って行った方がいいという判断になる。

図表4-2 期待効用の計算

		雨		期待効用
		降る	降らない	
傘	あり	10	10	10
	なし	0	12	9.6
確率		0.2	0.8	

3 危険回避

　危険回避という性向は、どのような効用関数で表現できるのだろうか？　本節では、危険回避が、**限界効用逓減**型の効用関数で表されることを示そう。

　図表4-3には、効用関数の例を示している。ここで、保有している金額は100万円ずつ増加している。これに対応する効用の増加は、100万円から200万円では、20であるが、200万円から300万円では18に減少している。さらに100万円ずつの増加に対して、効用の増加は、12、10、8、6、と小さくなっていく。つまり、この効用関数では限界効用が逓減するのである。

　さて、ここで、200万円と1000万円を半々の確率でもらえる時の効用（期待効用）を計算してみよう。これは、$30 \times 0.5 + 100 \times 0.5 = 65$である。一方、200万円と1000万円の平均である600万円を確実にもらえる時の効用は78であり、65より高い。つまり、この人は、200万円と1000万円を半々の確率でもら

図表4-3 効用関数の表

富(円)	100万	200万	300万	400万	500万	600万	700万	800万	900万	1000万
効用	10	30	48	60	70	78	84	90	96	100

（出所）ダニエル・カーネマン（2012）『ファスト＆スロー　下』村井章子訳、早川書房、81頁、表3

えるより、600万円を確実にもらえる方を好むのである。この好みを危険回避と呼ぶ。この例は、限界効用逓減と期待効用仮説を組み合わせると、危険回避が説明できることを示している（〈より進んだ内容4〉参照）。

　このような効用関数を持つ人を危険回避的と呼ぶ。日常生活の用語で、危険とかリスクというと悪い状況を意味する。しかし、ここでのリスクは不確実な状況を指すのであって、それ自体が悪いものではない。もし、限界効用が逓減するならば、その人はリスク（不確実な状況）を嫌うのである。

　通常、人間の限界効用は逓減し、危険回避的であると思われる。保険に加入することは危険回避的行動の表れである。しかし、人間はギャンブルをすることもあり、それは、確定しているお金を払って、得られる期待額が低いくじを買うことと同じだから、危険愛好的行動である。このことは、人間の限界効用は必ずしも逓減するとは限らないことを示唆している。

　危険回避でもなく、危険愛好でもない、危険（リスク）の増加に無関心である場合を、危険中立と呼ぶ。

　「安全」とか、「危険」とか言う時、一般的には、自分が置かれた状況がどの程度確実であるかを指している。上の「雨」の例で言うと、雨と晴れが頻繁に交代する状況は「危険（リスク）」が大きいと言い、雨になれば雨が続き、晴れになれば晴れが続いてあまり交代しない状況を「安全」であると言う。世の中の資産も「安全」なものと「危険」なものがある。「安全な資産」とは、資産の収益率があまり変化しない資産のことである。一方、「危険な資産」とは資産の収益率が激しく変動する資産のことである。金融資産で安全資産の代表は現金や国債である。現金のリスクはインフレーションを除くとほとんどない。これに比べて株価は激しく変動するので、株式は危険資産の代表である。長期的な収益率は概して株式の方が国債などの安全資産より高く、両者の収益率の差はリスクプレミアムと呼ばれる。危険回避的な人は危険資産を嫌うので、平均的な収益率が高くないと危険資産を保有しないのである。

4 アレのパラドックス

アレ（Maurice Allais）は、1953年に発表した論文で、以下で述べるようなくじの選択問題を提示し、多くの人は期待効用仮説に矛盾する選択をすることを示した[2]。

> 選択1　次のくじAとBのどちらがいいですか
> 　　A　100％で10万円もらえる
> 　　B　10％で25万円、89％で10万円、1％で0円もらえる
> 選択2　次のくじCとDのどちらがいいですか
> 　　C　11％で10万円、89％で0円もらえる
> 　　D　10％で25万円、90％で0円もらえる

アレによると、多くの人がBよりAを好み、CよりDを好んだという。この2組の選択結果は期待効用仮説に矛盾する（〈より進んだ内容5〉参照）。しかし、著者が学生を対象に尋ねたケースでは、確かにCよりDが好まれたが、AよりBが好まれることが多かった（もっとも、金額を高くする（1億円）と、BよりAが好まれた）。アレの報告でも、圧倒的にAが好まれたのではないので、アレの結果は有名ではあるが、若干曖昧である。

これがパラドックスであることは次のようにも理解できよう。くじCとDに、89％で10万円、11％で0円もらえるという新しいくじEを追加する。CとEのくじを一緒に持つと、賞金の期待値はAと同じになる。また、DとEを一緒に持つと、Bと同じになる。CよりDが好まれるなら、同じくじEを加えても好みの順序は変わらないだろうから、DとEのくじはCとEのくじより好まれるだろう。したがって、くじBはAより好まれるはずである。

確率でわかりにくい人は、壺と石に置き換えて考えてみよう。100個の石が入った壺から、目をつむって石を取り出すというゲームをする。赤い石なら大当たりで25万円もらえ、青い石なら当たりで10万円、白い石ならハズレで何

もももらえないとしよう。Aの壺は100個全部が青い石で、Bの壺は100個のうち赤が10個、青が89個、白が1個。Cの壺は11個が青い石、89個が白い石、Dの壺は10個が赤い石、90個が白い石である。

Cの壺から、89個の白い石を青い石に交換するとAの壺になることがわかるだろう。同様にDの壺のうち、89個の白い石を青い石に交換したものがBの壺になる。つまり、Cのハズレを当たりに交換してより良くしたものがAであり、Dを同じだけ良くしたものがBの壺である。両方を同じだけ良くしているのだから、AよりBがいいと言ったのであれば、CよりDがいいはずである。AとB、CとDの間で選択が変化することは、論理的ではない。

5 確実性効果

アレのパラドックスが生まれるのは、「確実（100%）に起こる」や「小さな確率（1%）で起こる」といった事象が影響しているものと推測される。そこで、この2つの効果を分離して確認するため、カーネマンとトヴェルスキーは次のような質問をした。

		K-T
選択1	次のくじAとBのどちらがいいですか	
	A 80%で4000円、20%で0円	20%
	B 100%で3000円	80%
選択2	次のくじCとDのどちらがいいですか	
	C 20%で4000円、80%で0円	65%
	D 25%で3000円、75%で0円	35%

ここで、選択肢の右側のK-Tの下に示した数字はカーネマンとトヴェルスキーの論文に示されている、それぞれが選ばれた割合である。以下の問いの多くについて、著者は複数回の授業で同じような質問をしたが、それぞれだいたい似たような結果を得た。

CとDは賞金がもらえる確率が、それぞれAとBの1/4になっただけである。したがって、もし、0円の時の効用を0とすれば、BがAより好まれるなら、DがCより好まれるはずである。しかし、この場合、多くの人はBをAより好む一方で、CをDより好むと報告する。これが期待効用仮説と矛盾することは$u(0)=0$を仮定しなくても証明できる（〈より進んだ内容6〉参照）。

　このような結果が得られた大きな理由は、選択1のBにおいて、「確実に3000円得られる」が選択肢として示されていることである。この選択肢が好まれる結果を、「**確実性効果**」という。

　賞金を得られる確率を1から1/4にする効果は、0.8を0.2にする効果より強い。このことは、期待効用が確率の線形関数である（確率が2倍になれば期待効用も2倍になる）という期待効用仮説の仮定が成立しないことを示唆する。

6　小さな確率

　カーネマンらは確率が小さくなった時にどのようなパラドックスが生まれるかも調べている。次の2つの選択を考えよう。

選択1	次のくじAとBのどちらがいいですか	K-T
	A　45%で6000円、　55%で0円	14%
	B　90%で3000円、　10%で0円	86%
選択2	次のくじCとDのどちらがいいですか	K-T
	C　0.1%で6000円、99.9%で0円	73%
	D　0.2%で3000円、99.8%で0円	27%

　AとBを比べると、Bは賞金の額は半分であるが、賞金をもらえる確率は2倍になっている。一方、CとDを比べると、Dは賞金の額は半分であるが、賞金をもらえる確率は2倍になっている。このように、AとBの違いと、CとDの違いとはよく似ている。また、賞金をもらえる確率に注目すると、CはAの確率

の450分の1であり、DはBの確率の450分の1になっている。したがって、AよりBを好む人であれば、CよりDを好むのが自然であるように思われる。実際、期待効用仮説を用いて計算すると、AよりBを好む人は、必ず、CよりDを好むことが示される（証明は、〈より進んだ内容6〉と同じようにできるので、各自試みられたい）。しかし、実験すると、多くの人は、AよりBを好む一方で、CをDより好む傾向がある。この結果は、0.1％や0.2％といった小さな確率の範囲では、より小さな確率（0.1％）が、例えば0.15％というように比較的大きく評価されるとしたら、不思議ではない。期待効用仮説では、確率が2倍になれば、期待効用も2倍になると想定されているが、実際の期待効用は、そのような単純な形をしていない可能性を示唆している。この点は、前節の確実性効果と同じである。

7 プロスペクト理論

カーネマンとトヴェルスキーは1979年の論文で、期待効用仮説に代わる**プロスペクト理論**を提唱した[3]。本節ではそれを説明しよう。

期待効用仮説では、第2節で説明したように、「各状態で得られる効用にそれが生じる確率をかけて足し合わせたものを、期待効用と定義する」。これに対して、プロスペクト理論では、「各状態で得られる効用関数」を、「各状態で得られる**価値関数**」で置き換える。また、「各状態が生じる確率」を、「各状態が生じる**確率加重関数**」で置き換える。つまり、プロスペクト理論は期待効用仮説と似た形をしており、それを修正したものである。

確率加重関数は、状態が実際に起きる「客観的確率」と人間がそれを認識する「主観的確率」がどう異なるかを示している。人間の選択・行動に重要なのは「**主観的確率**」である。期待効用仮説では、人間は**客観的確率**を正しく認知して主観的確率としていると想定しているのである。

価値関数は満足度を表す点で効用関数と同じであるが、満足度が、その人が置かれた状態に依存するのではなく、ある状態（**参照点**という）からの変化に

依存すると考える点で大きく異なっている。例えば、私の月給が40万円であったのが、45万円に昇給したとしよう。伝統的な効用関数では、45万円の収入に対する満足度を考える。それは40万円であった時の満足度より大きく、その差が満足度の増分である。これに対して、プロスペクト理論の価値関数では、参照点が40万円であれば、5万円の「利得」による満足度を表示するのである。つまり、プロスペクト理論では、状態の満足度より、状態の変化に関する満足度を考えるといってよい。ここで、もし、私が、月給が50万円に昇給するという期待を持っていたとすると、45万円の昇給は、その50万円の「参照点」より5万円少なかったという「損失」として意識され、それによる不満足を感じることになる。これは理解が難しい箇所であるので、もう一度説明しよう。

　不確実な状況を考える。簡単化のため、状態は2つだけしかないとしよう。さらに、それぞれが起きる確率がわかっているとしよう。各状態によって資産額が変わるが、プロスペクト理論では、その資産額をある参照点の額からの乖離で測る。例えば、1000万円の資産を持っている人が、半々の確率で10万円の賞金を得たり、5万円の損失を被るくじを持った時、それぞれの状態の資産は1010万円と995万円である。しかし、参照点が初めの資産1000万円である場合、この人の期待効用は参照点からの乖離である10万円の利得と5万円の損失に基づいて求められるのである。

　すなわち、期待効用仮説では、1010万円から得る効用と995万円から得る効用にそれぞれが生じる確率をかけて足し合わせたものが、期待効用である。これに対して、プロスペクト理論では、10万円の利得から得られる効用と、5万円の損失から得られる効用にそれぞれが生じるだろうとその人が主観的に感じる確率をかけて足し合わせたものである（〈より進んだ内容7〉参照）。

8　参照点

　参照点をどこにするかは当人が主観的に決めるものであり、一般的には決まっていない。それでも、上の「くじをいくらで購入しようか」という問題を

考える場合には、そのくじの賞金を利得・損失と考えるのが自然だろう。すなわち、くじの購入時の保有資産が参照点である。一方、どこを参照点とするか明確でないケースも多々ある。例えば、あなたが南の島に1週間の旅行を予定していたとする。あなたは、海に、山にと遊ぶ計画を立てて、舞い上がっていた。ところが、旅の半分は、雨と強風のためにホテルで過ごさざるを得なかった。この時あなたは、がっかりするのだろうか。それとも、旅行前と比較して、満足するのだろうか。プロスペクト理論において、参照点から測った利得や損失に基づいて評価することを強調するのは、伝統的なファイナンス理論では、効用は全資産の関数と考えられているからである。

9 価値関数

　価値関数は、伝統的理論における効用関数に対応するものである。すなわち、確実性下の個人の満足度を表す。効用関数との最も大きな違いは、個人が置かれた状態に対応する満足度ではなく、状態の変化に依存する満足度である点である。つまり、価値関数は参照点から測った利得または損失の関数である（〈より進んだ内容10〉参照）。その特徴は、
　①事象の評価はある参照点から測られる
　②利得局面では**凹関数**（上に凸な関数）、損失局面では**凸関数**（下に凸な関数）
　③参照点付近での傾きは損失局面の方が急
という3点にまとめられる。このような特徴を備えた価値関数は図表4-4のような形に描かれる。
　②に関しては、カーネマンらは次のような質問で確認している。

次のくじAとBのどちらがいいですか	K-T
くじA　25%で6000円、75%で0円	18%
くじB　25%で4000円、25%で2000円、50%で0円	82%

この質問に対してはAよりBが好まれる。プロスペクト理論に基づくと、4000円もらった時の効用（満足）と2000円もらった時の効用を足すと、4000円と2000円、つまり6000円を一度にもらった時の効用より大きいことを意味している。
　これを図に書いてみると、限界効用が逓減していく形であることがわかる。このような関数を凹関数という（〈より進んだ内容8〉参照）。
　損失領域については、次のような損失を与えるくじの選択を考える。

> 　　　　　　　　　　　　　　　　　　　　　　　　　　　　K-T
> くじA'　25%で−6000円（6000円の損失）、75%で0円　　70%
> くじB'　25%で−4000円（4000円の損失）、25%で−2000円、
> 50%で0円　　　　　　　　　　　　　　　　　　　　　　30%

　この場合にはA'のくじの方がB'よりも好まれる。プロスペクト理論に基づくと、利得領域の場合と逆に、一度に6000円を失う方が、4000円を失い、次に2000円を失うより、高い効用を得ることがわかる。これを図に書いてみると、図表4-5のようになる。損失が6000から4000も減った時の効用の増加分より、4000から2000に減った時の効用の増加分の方が大きいことが図でわかるだろう。損失が減っていくにつれ、限界効用が逓増しており、下に向かって凸の関数である。このような関数を凸関数という。
　③の結果は、利得と損失が同額であった場合は、損失の方がより大きな効用の変化をもたらすことを意味するので、損失回避と呼ばれる。このことは次のような質問によって確かめることができる。

> 　くじA　50%の確率で100円が当たり、50%の確率で100円を払わなければならないくじをあなたはもらいますか？
> 　くじB　50%の確率で1000円が当たり、50%の確率で100円を払わなければならないくじをあなたはもらいますか？

図表4-4　価値関数の形状と特徴

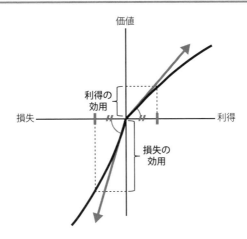

　くじAを「もらわない」と答え、くじBを「もらう」と答える人が多いのではないだろうか。そこで、当たる金額を100円からもっと大きな金額に少しずつ変えていって尋ねるとしよう。すると、多くの人ははじめは「もらわない」と答えていたのが、どこかで、「もらう」に変わるだろう。そのスイッチするところの利得と損失の金額の比が、利得と損失が効用に及ぼす影響の大きさの比ということになる。

　カーネマンらは損失の影響は利得の影響の2.25倍も大きいとしている。この損失回避は、決定をいつまでも決断できないという現象をもたらすかもしれない。今、結婚をためらっている人がいるとしよう。結婚すると、愛のある生活を享受できる。しかし、行動の自由が損なわれる。結婚しないとその逆に、個人の自由は十分あるが、愛のある生活が享受できない。この人は、結婚しようという方に決断が傾くと、行動の自由が損なわれる損失が大きく感じられて、結婚しない方がいいという結論にたどり着く。しかしその時、愛のある生活を失う損失が愛のある生活を得る利得の2倍以上に大きく感じられて、結婚する方がいいというように気持ちが傾く。しかしその時、……ということを繰り返し、結局、この人はどちらにも決心することができないのである。

図表4-5　損失領域では価値関数が凸関数であることの説明

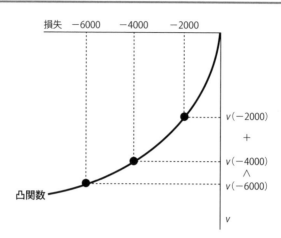

10 確率加重関数

　期待効用仮説では、状態が生起する確率を重みとして各状態の効用関数を平均する。そこでは、客観的に生じる確率と、個人が認知する主観的な確率とが一致していることが、暗黙に仮定されている。しかし、第5節と第6節で見たように、確実な事象であることが重視されたり、小さい確率の領域では、その中で非常に小さい確率が相対的に大きく評価されるなどのように、主観的確率が客観的確率と系統的に乖離することが確認されている。日常生活でも、当たる確率がたいへん小さい宝くじが買われるのは、人々がその確率を大きめに感じているためかもしれない。また、使いたい放題の定額制や、何年間かにわたって故障が起きた時の定額保証が好まれる1つの理由は、確実性が好まれることにあるのかもしれない。プロスペクト理論では、主観的確率を客観的確率の関数（weighting function; 重み関数）として定式化する。客観的確率を p、その時の主観的確率を $\pi(p)$ と書くと、確率加重関数は図表4-6のように表される[4]。

図表4-6 確率加重関数の形状

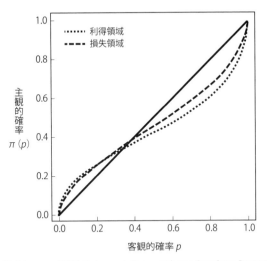

（出所）Tversky, A. and D. Kahneman (1992) "Advances in Prospect Theory: Cumulative Representation of Uncertainty," *Journal of Risk and Uncertainty*, 5(4), 297–323.

図表4-6の横軸は客観的確率p、縦軸は主観的確率$\pi(p)$であり、45度線は主観的確率が客観的確率と等しい場合を表している。細かな点線は利得領域の確率加重関数であり、長く濃い点線は損失領域の確率加重関数である。この確率加重関数の主な性質は次の3点にまとめられる（〈より進んだ内容11〉参照）。

(1) 客観的確率が0や1に近いところでは、主観的確率と客観的確率との差が大きい。
(2) 客観的確率が0.4ぐらいまでは過大評価、それ以上では過小評価する。
(3) 低確率では凹関数、高確率では凸関数。

11 プロスペクト理論の評価

プロスペクト理論の意義はどのように評価されるのだろうか。第4～6節で述べたように、人間は必ずしも期待効用仮説と整合的に選択・行動するわけで

はなく、しかもその乖離には法則性がある。プロスペクト理論はそのような観察事実を取り込んで、価値関数と確率加重関数という要素を用いて、期待効用仮説を改善したものと見ることができる。しかし、それにはいまだいくつかの問題がある。最大の問題は、利得や損失は当人の主観的な参照点から測られるが、その参照点がどう決まるかについて一般的な理論が確立していないことである。多くの場合、現状が参照点として取られるだろうが、予想していたり期待していたりした状態が参照点となることもあるだろう。例えば、株式を購入したのち、株価が大きく値上がりし、その後値下がりし、また、少し値を戻したという時、この株式の保有者は、どの時点の株価を参照点として、利益・損失を評価するのだろうか？ おそらく人によって、いろいろなパターンがあるものと思われる。

　第2の問題は、価値関数や確率加重関数は実験事実に合わせてその形を定式化しているにすぎないことである。なぜそのような形をとるのかについて、より根源的な説明がないと、一般理論としての妥当性に説得力が欠けると言えよう。

　著名な物理学者であった武谷三男は、理論・法則をその抽象度で3段階に分類した。第1段階は、現象論的段階である。これは、観察した現象・事実の集積であり、新しい発見の場合は、現存する理論では説明できない事象（アノマリーと呼ばれる）の集積である。ニュートン力学が構築される歴史を例にとり、武谷は、ティコ・ブラーエ（Tycho Brahe）による惑星運行データの集積をこの段階であるとしている。第2段階は、実体論的段階と名付けられ、ケプラーの3法則を例として挙げている。湯川秀樹の中間子理論もこの例である。これは、第1段階の多くの事実を少数の法則で説明するのであるが、次の第3段階に比べて、実体的・現実的であるという特徴を持っている。第3段階は、抽象的な一般理論の構築であり、武谷は、ケプラーの3法則を説明する万有引力の法則が該当するとしている。このような3段階説からすると、期待効用仮説は一般理論としての抽象度を持っていた。しかし、それでは説明できない多くの現象（アノマリー）が指摘され、それらの現象を説明するものとして、プロスペクト理論が提案された。しかしプロスペクト理論はいまだ、十分な抽象度を

獲得しておらず、実体論的段階にとどまっているように思われる。

12 エルスバーグのパラドックス

　これまで説明してきた不確実性は、不確実といっても、起こりうる状態の発生確率はわかっている状況を想定していた。例えば、「明日の降水確率は」、とか、あなたの〇〇大学の合格ランクはEランクです、とか言った場合は、発生確率が知れている場合である。これらは、これまでの多くの統計データが、確率の予測に役立つのである。しかし、現実には発生確率について見当がつかないという場合も多いだろう。むしろそのような不確実性の方が、われわれにとって重要であるかもしれない。例えば、この人と結婚して、どのくらい幸せになれるか、といった1回限りの現象については、確率も予想がつかないことが多いだろう。

　エルスバーグ（Daniel Ellsberg）は、1961年に発表した論文で、そのような状況を曖昧性と呼び、確率がわかっている場合のリスクと区別した[5]。生起確率がわかっていない場合の重要性はナイト（Frank Knight）が1921年の著書で指摘しており、（ナイト流の）不確実性と呼ばれることもある[6]。

　エルスバーグは以下のようなくじの選択例によって、人々は曖昧性を嫌う（**曖昧性回避**）性向があることを示した。

> 　壺には90個の玉が入っている。そのうちの30個は青玉である。残りの60個は赤玉または黄玉であるが、それぞれが何個かはわからない。この壺からあなたに玉を1つ引いてもらう。
> 　選択1：あなたが次の2つの条件（くじ）のどちらか好きな方を選べるとしたら、どちらを選ぶか。
> 　　A　青玉が出たら100万円もらえる
> 　　B　赤玉が出たら100万円もらえる
> 　選択2：次のどちらかを選べるとしたら、どちらを選ぶか。

C　青玉か黄玉が出たら100万円もらえる
D　赤玉か黄玉が出たら100万円もらえる

　この質問に対して、多くの場合、くじAとくじDが選ばれる。著者が学生を対象とした場合、90％程度がAを選び、80〜90％がDを選んだ。この結果は期待効用仮説と矛盾することが示される（〈より進んだ内容11〉参照）。

　なぜ、このような結果が得られたのだろうか？　そのカギは、青玉の確率はわかっている（30個）のに対し、赤玉と黄玉の確率は合計で60個としかわかっていないことである。その結果、くじAで賞金がもらえる確率は1/3とわかっているが、くじBで賞金がもらえる確率は0〜2/3の間であるとしかわかっていない。0と2/3の中間は1/3であるが、わかっていない方が嫌われるのである。また、くじCで賞金がもらえる確率は1/3＋（0〜2/3）だから1/3〜1であるが、くじDで賞金がもらえる確率は2/3である。1/3〜1の平均は2/3であるが、確率が確定していないCの方が嫌われるのである。つまり、この結果は、確率が不明なものはわかっているものより嫌がられることを示していると思われる。これを曖昧性回避という。

練習問題

1. 危険回避は効用関数のどのような形状と対応しているか。
2. 価値関数の3つの特徴を説明しなさい。
3. 確率加重関数の3つの特徴を説明しなさい。
4. プロスペクト理論は期待効用仮説とどう違うか、説明しなさい。
5. エルスバーグのパラドックスは人々のどのような性向を表しているか。

[注]

1　Von Neumann, J. and O. Morgenstern (1944) *Theory of Games and Economic Behavior*, Prince-

ton University Press.
2 Allais, M. (1953) "Le Comportement de l'Homme Rationnel devant le Risque: Critique des Postulats et Axiomes de l'Ecole Americaine", *Econometrica*, 21(4), 503-546.
3 Kahneman, D. and A. Tversky (1979) "Prospect Theory: An Analysis of Decision under Risk", *Econometrica*, 47 (2), 263-292.
4 Tversky, A. and D. Kahneman (1992) "Advances in Prospect Theory: Cumulative Representation of Uncertainty", *Journal of Risk and Uncertainty*, 5(4), 297-323.
5 Ellsberg, D. (1961) "Risk, Ambiguity, and the Savage Axioms", *The Quarterly Journal of Economics*, 75 (4), 643-669.
6 Knight, F. (1921) *Risk, Uncertainty and Profit*, Boston: Hart, Schaffner and Marx Prize Essays; Houghton Mifflin Co.

第5章

社会的選好

本章のポイント

- ☑ 実験結果によると、人間は自分の利益だけでなく他人の利益を考慮する「社会的選好」を持っていることが示唆される。
- ☑ 社会的選好の重要な要素として、「利他性」、「互酬性」、「不平等回避性」がある。
- ☑ 社会的選好を明らかにする経済実験として、独裁者ゲーム、最後通牒ゲーム、信頼ゲーム、公共財供給実験、違法副業ゲームなどがあげられる。

　第1章で詳しく説明した通り、標準的な経済学では通常、人間は自分の利益のみを考慮して経済行動を行うと想定している。しかし、われわれは常に自分の利益だけを考えて行動しているだろうか？　そうとは考えられない行動もたくさんある。経済的に困窮している人に対する募金活動やチャリティーに協力することはよくあるし、社会的に困難な状況にある人たちのために無償でボランティア活動を行う人も多い。無報酬の地域の清掃活動に参加したり、子ども達が安全に通学できるように交通安全のパトロールをしたりもする。

　もし人間が純粋に自分の利益のみを考慮して行動しており、他人の利益や選好に無関心であるとしたら、こうした行動は観察されないだろう。現実社会において、多くの人がこうした行動をとる背景には、現実のわれわれは、自分の利益を追求するだけではなく、他人の利益や厚生なども考慮したうえで行動するような「他者を考慮する選好」あるいは、「**社会的選好**（social preference）」を持っていると解釈することができる。では、実際にわれわれがこうした社会

的選好を持っているとしたら、それはどのような特徴を持っているだろうか？

　本章では、人間が他人の利益を考慮するような社会的選好を持っていることを示唆する実験研究を紹介するとともに、社会的選好を構成する「**利他性**」、「**互酬性**」、「**不平等回避性**」という3つの選好モデルについて紹介する。

1 独裁者ゲーム実験

　ある個人の利益が他人の利益とトレードオフの関係にある時、その個人は標準的経済学が想定する通り、自分の利益のみを考慮するのだろうか？　それとも、他人の利益も考慮するのだろうか？　もし他人の利益を考慮するとしたら、どの程度考慮するのだろうか？

　人間が利己的であるのか、それとも他人の利益を考慮するのかを、最も簡単に見分けられるのが、**独裁者ゲーム**（dictator game）である。独裁者ゲームでは、2人1組のグループを作り、2人のうち1人は配分者、もう1人は受益者になる。まず、配分者には現金1000円が与えられる（金額はいくらでもよいのだが、この章では1000円として説明する）。配分者はこの1000円のうち、好きな額を受益者に与えることができる。受益者は配分者が決めた配分額を受け取り、ゲームは終了となる。

　独裁者ゲームにおいて、標準的経済理論の想定の通り、配分者が自分のことしか考えないとしたらどのような結果になるだろうか？　受益者は配分者のどのような提案も受け入れるので、配分者が自分の満足度（効用水準）を最大にするには、受益者への配分額を0円とすればいい。つまり、「配分者は自分に1000円全額を配分し、受益者には1円も与えない」というのが独裁者ゲームにおける唯一の解なのである。

　しかし、このような立場に立たされた時、あなただったらどうするだろうか？　本当に全額自分のものにしてしまうだろうか？　キャメラー（Colin F. Camerer）のサーベイによると、これまで行われた多くの独裁者ゲーム実験では、平均的に見て、配分者は自分の持ち分の20%程度を受益者に配分すること

が確認されている[1]。この結果にうなずく読者も多いのではないだろうか。この結果は、現実の人間は自分の利益を当然重視するものの、「ホモエコノミカス」とは違い、他者の利益も考慮することを示しているように思われる。しかし、本当にそう結論していいのかどうか、もう少し詳しく考えてみよう。

　独裁者ゲームは、ゲームというにはあまりに簡単なゲームである。受益者はただ、配分額を受け取るだけで何をするわけでもない。重要なのは配分者がいくら配分するかだけである。しかし、受益者がいなければこのゲームは成立しない。独裁者ゲームにおいて、受益者の代わりにゴミ箱を置いておいて、配分者に「もらったうちの好きな額をごみ箱に捨てることができます。さあ、あなたはいくらを捨てますか？」と尋ねたら、200円も捨てる人がいるだろうか？あるいは、「ネコにお金をあげることができます。さあ、あなたはいくらをネコにあげますか？」と言われた時にあげるだろうか？　おそらくあげる人はいないだろう。これはまさに、「ネコに小判」で、もらったネコはうれしくもなんともないからである。しかし、あげたお金でネコにエサを買ってあげるというのであれば、ネコ好きのあなたはいくらかを分けるかもしれない。この推論からわかることは、独裁者ゲームで、多くの人がお金をいくらか配分した理由の1つとして、受益者を喜ばせることがうれしいということが考えられる。配分者の持つこのような選好を利他性（あるいは**純粋な利他性**）という。

　しかし、これ以外の理由がないと言い切れるだろうか？　いくつかの可能性が考えられるだろう。その1つは、本当は完全に利己的で全額を自分でとりたいのだが、相手や周りの人にそれを知られるとケチだと思われることが嫌なので、いくらかを配分するという可能性である。もしこれが本当であれば、配分額を相手や周りの人に知られないように実験の方法を工夫すれば、配分額は0になるか、あるいは少なくとも減るだろう。相手に知られないようにするには、受益者と直接顔を合わせないようにすればいい。例えば、受益者は別室に集めて、配分者と受益者が顔を合わさないようにする。また、実験をしている人や他の配分者に配分額を知られないようにするために、配分額を書いた用紙は封筒に入れて実験者に渡し、実験者が別室に持っていくというようにすればいいだろう。ホフマン（Elizabeth Hoffman）らの独裁者ゲーム実験では、このよう

にして配分者の匿名性を高めた場合、そうではない場合に比べて配分者の受益者への配分額が少なくなり、全く配分しない人も多いことが確認されている[2]。つまり、独裁者ゲームにおいて配分がされるという結果は、自分が利己的であることを他人に知れるのが嫌なために生じている部分が多く、けっこうヒトは利己的であるらしい、と考えられる。しかし、この解釈も問題がある。匿名性を高めて、相手と顔を合わさないようにすると、相手が喜ぶことが実感できない。本当にお金が人間に渡されるのかどうかも信じられなくなる（別室などないと疑う）人もいるだろう。もしそうだとすると、配分額はごみ箱に捨てるのと同じことになるので、そのために、配分額が小さくなったのかもしれない。このように、本当に利他性があるのかどうかを調べることは、意外と簡単でない。

　第2の可能性は、公平な配分をすべきだという信念を持っていることである。この信念については微妙に違ったいろいろな解釈ができるかもしれないが、例えば、一種の正義感であると考えられる。正義感は、この場合、利得を得た自分が、何ももらっていない他人に対して一部を与えることによって公平にしているという行為自体から満足感を得ることであり、相手が良くなることがうれしいという感情とは異なる。アンドレオーニ（James Andreoni）はこのような感情を、他人が喜ぶことがうれしいという「純粋な利他性」と区別して、「与えることの喜び」ないしは「**あたたかい満足感**（warm glow）」と名付けた[3]。

　純粋な利他性と「あたたかい満足感」とはどのように見分けることができるだろうか。自分だけではなく、他にもお金を配分する（あるいは寄付する）人がいる状況を考えよう。この時、純粋な利他性によって配分額を決めているとすると、他の人が配分額を増やすと、受益者は既に満足しているわけであるから、自分の配分額は減らすだろう。これに対して、「あたたかい満足感」を得るために配分しているのであれば、自分が配分するという行為自体によって満足感を得ているのであるから、他人が配分額を増やしても、自分の配分額を減らさないだろう。したがって、2人の配分者と1人の受益者からなる独裁者ゲームを行い、まず、普通に配分を行う。次に、1人の配分者の配分額を増やし（実は、この配分者は実験者の1人であり意図的に配分額を変える）、それを

知った後で、もう1人の配分額がどのように変化するかを調べてみる、といったたぐいの実験をすることによって、どの程度、純粋の利他性が働いているかを知ることができるだろう。実際にこの状況に近い独裁者ゲーム実験を行った結果、配分者は自分の配分額の7割以上を減らすことがわかった[4]。このことは、配分の理由はかなりの程度「純粋な利他性」によっていることを示唆している。

2 最後通牒ゲーム実験

　独裁者ゲームでは、受益者は配分された額を受け取るだけの受け身の存在であった。もし、この受益者に受け取りを拒否するという重要な役割を与えたらどのようになるだろう。それを考えるために、**最後通牒ゲーム**（ultimatum game）を紹介しよう。最後通牒ゲームでは、2人1組のグループを作る。まず、配分者には現金1000円が与えられる。配分者はこの1000円のうちの好きな額を受益者に与えることができる。受益者は配分額を確認する。ここまでは独裁者ゲームと同じである。その後、受益者は、配分者が決めた配分額を「受け入れる」か「拒否する」かを選ぶ。受益者が「受け入れる」を選んだ場合には、配分者が決めた通りの配分が実行される。一方、「拒否する」を選んだ場合には、2人への配分額はどちらも0円となる。

　もし、人間が標準的な経済理論が想定するように、自分の利益だけを追求する利己的個人であったらどのような結果になるだろうか。配分者はいくらを配分するのが自分にとって一番いいだろうか。全額とるのがいいように思われるかもしれないが、受益者が拒否すると0円になってしまうので、受益者の選択がわからないと何とも言えない。これに対して、受益者の選択によって配分の結果が確定するのであるから、受益者がどう選択すべきかについては確かなことが言える。このように、2人が交互に手番を使うゲームで、かつ終わりがある時は、まず、最後の手番でどうするのが最適かを考えるのが有効な解き方である。こうした推論の方法は、**後ろ向き推論法**と呼ばれる。つまり、最後通牒

ゲームでは、はじめに受益者の最適な選択を考え、次に配分者の最適な選択を考えればよい。

まず、受益者の選択を考えよう。たとえ、配分者がいくらを提案したとしても、受益者が拒否すれば、受益者が得られる金額は0円である。受益者は合理的であると仮定した場合、もし1円以上自分に提案されれば、拒否するよりも受け入れた方が満足度が大きいので必ず提案を受け入れる。もし、0円が提案された場合には、受け入れても拒否しても同じ満足度なので、どちらにするかはわからない。これが第1段階（受益者の選択）の解である。

次に配分者の選択を考えよう。配分者は合理的であり、かつ、受益者が合理的であることも知っている。したがって、配分者は上記の受益者の選択に関する推論をして、受益者に1円以上の提案をすれば受益者は決して拒否しないことを見出す。そして、配分者はより多くの金額を得ようとするので、「配分者に999円、受益者に1円」という提案をする。これが第2段階（配分者の選択）の解である。両者をまとめると、標準的な経済理論に基づけば、「配分者は自分に999円、受益者に1円」という提案を行い、受益者はそれを受け入れる」という結果が予想される。この結果が標準的経済学における最後通牒ゲームの解である。この結果は、**サブゲーム完全なナッシュ均衡**と呼ばれる。

実際に、最後通牒ゲームを行うと、人々は、標準的経済学が予想する合理的経済人のように行動するだろうか？　図表5-1はキャメラー[5]が要約したホフマンらの実験結果[6]である。図表5-1において、横軸は配分者が提案した配分額の割合を示し、縦軸はそれぞれの額で配分した人の割合を示している。2本の棒グラフの左側は配分者が10ドル（約1000円）を与えられた場合、右側は配分者が100ドル（約1万円）を与えられた場合の結果を示している。これを見ると、全く配分しない人はほとんどいない。10％以下しか配分しない人も1割以下でかなり少ない。最も多いのは、31〜40％を配分する人であり、その次に多いのは41〜50％を配分する人である。半分以上配分する人はほとんどいない。また、10ドルと100ドルの2本の棒グラフはさほど違いがなく、与えられた金額はそれほど選択に影響を与えないことがわかる。

図表5-1の棒グラフの中で黒く塗られた部分が、その配分額に対して受益者

図表5-1　最後通牒ゲームにおける配分者の提案額と受益者の受入・拒否の割合

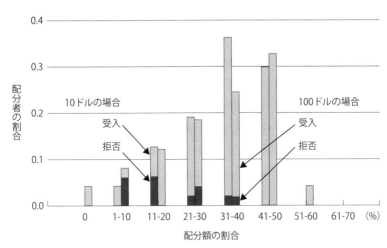

(出所) Camerer, C. F. (2003) *Behavioral Game Theory*, Princeton University Press, Fig.1.1.

が拒否した割合である。これを見ると、20%以下しか配分しなかった場合には、かなりの割合で受益者が受け取りを拒否することがわかる。21〜40%の配分を受けた場合でも拒否することがあるが、その頻度はかなり減っている。41%以上の配分を受けた場合に、拒否した人はいない。

　以上をまとめると、配分者は概ね与えられた額の40%から50%を受益者に提案することが確認されている。一方、20%以下の提案を受けた受益者の50%以上は提案を拒否する傾向がある。こうした被験者の行動は、配分者も受益者も、明らかに、標準的な経済理論の想定と矛盾している。

3　最後通牒ゲーム実験と互酬性

　なぜ標準的経済学が想定する最後通牒ゲームの解と実験結果に差が生じたのだろうか？　それを説明する有力な選好モデルとして「**互酬性**」がある。互酬性とは、「相手が自分に対して好意的に振る舞うならば自分も相手に好意的に

振る舞い、相手が自分に対して敵対的に振る舞うならば自分も相手に敵対的に振る舞うという」行動様式である。

　前節で見たように、受益者は、配分額に2割以下の配分を提示された場合、50％以上の確率で配分者の提案を拒否している。受益者は少ないながらも賞金を得られる機会があったにもかかわらず、拒否することによってお互いの利得を0とすることは、自分の利得を捨ててまで、不公平な提案をしてきた配分者を「罰している」と解釈することができる。こうした行動は、「自分に対する敵対的な振る舞いに対しては自分も敵対的に振る舞う」という負の互酬性と考えることができるだろう。

　また配分者は、受益者が負の互酬性を持っていることを知っており、自分が罰せられることを恐れて、ある程度の額の配分額を提示すると解釈することもできる。ただし、最後通牒ゲームにおいて配分者が受益者に正の配分を行うという実験結果は、純粋な利他性が最後通牒ゲームにおいても機能していると解釈することも可能である。最後通牒ゲームにおいて配分される額は40〜50％であるのに対し、独裁者ゲームでは20％程度しか配分されない。独裁者ゲームの配分が純粋な利他性による配分であると考えると、両者の差である20〜30％が配分の提案を拒否されることを恐れて増やされた配分の額であると考えることができるかもしれない。

4　信頼ゲーム実験と互酬性

　前節では、最後通牒ゲームにおいて負の互酬性が働いていることを見たが、正の互酬性が見られる実験もある。バーグ（Joyce Berg）らによる**信頼ゲーム**（trust game）を見てみよう[7]。信頼ゲームでは、2人1組となり、2人のうち1人が配分者、もう1人が受益者となる。配分者には現金1000円が与えられ、配分者はこの1000円のうちの好きな額を受益者に配分することができる。配分額が0円であれば、ゲームはそこで終了する。配分額が正の場合、配分された額は、3倍にされて受益者に与えられる。受益者は自分に与えられた配分額のう

ちの好きな額を配分者に「返す」ことができる。この返金額はそのまま配分者の利益に追加され、ゲームは終了する。以上の結果、信頼ゲームにおける配分者の利得は、1000－配分額＋返金額、受益者の利得は、3×配分額－返金額となる。

　他人の利益に関心がなく、自分の利益を最大化しようとする個人がこのゲームをプレーしたらどうなるだろうか？　まず、例によって、ゲームで最後に選択をする受益者から考えよう。受益者の利得額を最大にするためには、返金額を最小にすればいい。つまり、受益者は返金額を0とする。配分者は、合理的な受益者が返金額を0とすることを確実に予想できるので、自分への利得は1000－配分額であり、配分すればするほど損であるということを理解する。したがって、配分者が自分の利得を最大にするには、配分額を0とすればいい。つまり、配分者は受益者への配分額を0円にして、ゲームが終了するはずだ。この結果は、配分者と受益者が自分の利益を最大にしようと行動した場合の解である。

　配分額は実験者によって3倍にされるわけだから、配分額の2倍の額だけ、外部から、被験者の2人に利益が追加されるわけである。したがって、この2人にとって、配分額を最大にすれば、2人に与えられる利益を最大にすることができる。後は適当な手段でこの利益を2人で分割すればいいだけである。この2人を「社会」と呼ぶと、「社会的最適」は配分額を最大にすることである。しかし、このゲームの枠組みでは、自分の利益を最大にしようとすることによって、社会的最適とは程遠い結果がもたらされることになる。

　しかし、バーグらの実験において、被験者の行動は上記の理論的な予測とは異なるという結果が得られた。配分者は平均すると自分が与えられた金額の約50％を受益者に配分する。一方、受益者は平均すると配分者が自分に配分した額の90％、（すなわち、この額は、受益者が得た配分額の3倍の額の約30％に相当する）を配分者に返すことが確認された。

　なぜ、完全利己性を仮定する標準的経済理論から乖離する結果が得られたのだろうか。まず、配分者がいくらかの配分をすることは、独裁者ゲームの場合と同様、他人の利益を喜ぶ利他性を持っているためであるかもしれない。しか

し、その配分額は独裁者ゲームで約20%であったのに比べて、約50%と高い。この差は、配分者が、受益者は自分の配分に対しお礼をしてくれると「信頼」しているからであるかもしれない。このゲームが信頼ゲームと呼ばれるゆえんである。一方、配分者が分けてくれた配分額に近い額を「お返し」する受益者の行動は、受益者の自分が信頼されたことに対する「正の互酬」と考えれば、被験者間に互酬性が機能していることが確認できる。実験結果を見ると、配分者は自分に配分された額の約半分を受益者に対して信頼として与え、受益者は自分に与えられた信頼の約1/3を正の互酬として配分者に返していると解釈することができる。もちろん、信頼ゲームにおいて配分者が受益者に正の配分を行うという実験結果、また受益者が自分に与えられた額の約3割を配分者に返すという実験結果は、利他性のモデルとも整合的である。

5 違法副業ゲームと互酬性

フォーク（Armin Falk）らは、正の互酬性と負の互酬性の両方が現れる「**違法な副業（moonlighting）ゲーム**」と呼ばれるゲームの実験を行っている[8]。この実験では、2人1組のペアが配分者と受益者に分かれ、それぞれには12ポイントが与えられる。配分者は自分に与えられた12ポイントのうちの6ポイントまでを受益者に与えてもよい。信頼ゲームと同じように、配分者が与えたポイントは3倍にされて受益者に渡される。しかし、配分者は受益者にポイントを与える代わりに、受益者の持っているポイントを6ポイントまで奪うこともできる。配分者の行動を確認した後、受益者は自分が持っているポイントから配分者にあげることもできるし、逆に、費用を払ってではあるが、配分者からポイントを奪うこともできる。つまり、このゲームでは、配分者は与えることも奪うこともでき、受益者はその行動を見て、お返しをする（例えば、親切に対してお礼をすることもできれば、敵意に対して報復する）こともできるのである。配分者と受益者はどのようにポイントを与えたり奪ったりするだろうか？ フォークらによる結果は図表5-2に示されている。

図表5-2　違法副業ゲームにおける配分者の配分・収奪額と、受益者のお礼・報復額

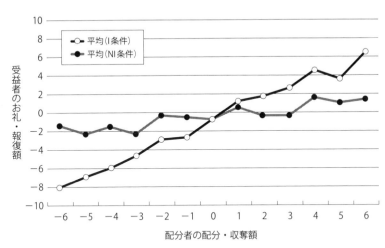

（出所）Falk, A., E. Fehr, and U. Fischbacher（2008）"Testing Theories of Fairness–Intentions Matter", *Games and Economic Behavior*, 62(1), 287–303, Fig. 1.

　この図において、横軸は配分者が受益者に与えた（マイナスの場合は、受益者から奪った）ポイント数を示しており、縦軸は受益者が配分者に与えた（マイナスの場合は、配分者から奪った）ポイント数を示している。図表5-2において、配分者の決めた通りに配分者－受益者間のポイント配分が実行されるI条件のグラフ（図の○）を見ると、右上がりになっている。つまり、配分者が受益者により多くのポイントを与えるほど、受益者は配分者により多くのポイントを返している。逆に、配分者が受益者からより多くのポイントを奪うほど、受益者は配分者からより多くのポイントを奪っている。つまり、違法副業ゲームにおいて、受益者は正の互酬性と負の互酬性の両方に基づいて行動していることが確認できる。

　このような、受益者の互酬性は、配分者の選択に好意や敵意を感じるから生じているのだろうか、それとも自分が受けた利益や損失そのものの大きさから発生するのだろうか。それを調べるために、フォークらは、配分者の選択を人間ではなく、サイコロによってランダムに発生させることにした。その時の結

果が、図の●によって表わされている。これを見ると、配分者が6ポイントを取り上げようと、6ポイントをくれようと、受益者はほとんど何の反応もしないことがわかる。この結果は、受益者の互酬性は、配分者の意図に対するものであり、意図と関係なく降ってきた利得や損失には関連がないことを示している。

6 公共財供給実験と社会的ジレンマ

　第4節の信頼ゲームでは、利己的個人が自分の利益だけ追求すると、社会的最適状態が達成されないという状態が起きることを説明した。このような事態は、**公共財供給実験**でも生じる。典型的な公共財供給実験では、4人1組のグループを作る。4人をA、B、C、Dとしよう。まず、各個人に、1000円が与えられる。この1000円は、そのまま持ち帰ってもよいが、グループへ「投資」してもよい。グループへ「投資」した場合、各個人のグループへの投資額は2倍にされたうえで4人に均等に配分される。個人Aのグループへの投資額をx_Aとすると各個人の最終的な利得は、

　　1000 − 個人Aの投資額 (x_A) + 1/4 × 2 × 各個人のグループへの投資額
　　合計　　　　　　　　　　　　　　　　　　　　　　　　　　　　　(1)

となる。投資額合計には個人Aの投資額も含まれているから、これは、

　　1000 − 0.5 × 個人Aの投資額 (x_A) + 0.5 × 個人B、C、Dのグループへ
　　の投資額合計　　　　　　　　　　　　　　　　　　　　　　　　　(2)

とも書ける。

　4人全員の利得の合計はどうなるだろうか？　これは、(1)式を全員について足し合わせればよいから、

　　4000 − 各個人のグループへの投資額合計 + 2 × 各個人のグループへの
　　投資額合計
　　　　= 4000 + 各個人のグループへの投資額合計　　　　　　　　　(3)

となる。(3) 式から、全員の利得の合計額を最大にするには、各個人のグループへの投資額合計を最大にすればいい。そのためには、全員が最初もらった1000円を全額投資すればいいことがわかる。

しかし、(2) 式を見ると、個人Aが自分の利得を最大にするには、自分の投資額を0にすればいいことがわかる。これはいったいどういうことなのだろうか？　もう少し詳しく事態を見てみよう。

4人全員が自分の賞金を最大にしようとすると、どのような結果になるかを具体例で考えてみよう。4人全員が自分の持ち分1000円全額をグループに投資したとしよう。そうすると、各個人のグループへの投資額合計は4000円になる。この時、各個人の利得は、1000－1000＋0.5×4000＝2000円となる。これが、上で見たように、全員の利得合計額が最大になった時の各個人の利得である。

しかし、自分の利得を最大化したい個人は、自分の持ち分をグループに投資することをためらうだろう。もし、個人Aがグループへの投資額を0円とし、他の3人（B、C、D）が1000円全額を投資したら、個人Aの利得は、1000－0＋0.5×3000＝2500円となる。自分がグループへ1000円全額を投資する場合には自分の利得は2000円であるのに対し、0円を投資する場合には2500円となるので、投資しない場合の方が投資する場合よりも利得が大きい。この時、B、C、Dの3人については、利得は1000－1000＋0.5×3000＝1500円となり、Aより1000円も少ない。つまり個人Aは自分は1円も投資せずに、他の3人B、C、Dの投資にただ乗りするわけである。この時、Aは確かに最大の利得を得るが、4人の利得の合計額は7000円であり、全員が1000円を投資した時の利得合計である8000円より少ない。

ところが、このような結果は実現しない。なぜなら、自分の利得を最大にしたいのは個人Aだけではないからだ。他の3人B、C、Dもまた、自分の利得を最大にしたいと考える。すると彼らも自分は投資することはなく、自分以外のメンバーの投資にただ乗りしようとするだろう。結果として、他の3人の投資額も0円となる。すなわち、4人全員の投資額が0円となるため、各個人の利得は、1000－0＋0.5×0＝1000円となる。つまり、自分の利得を最大にしよう

とする個人がこのゲームをプレーすると、0円を投資して、利得が1000円になる、という結果が予測される。この結果は**ナッシュ均衡**と呼ばれる。詳しくは〈より進んだ内容1〉を参照されたい。この時、全員の利得合計は4000円にすぎず、全員が1000円を投資した時の半分しかない。

　もし、各個人が1000円の持ち分全額を投資すれば、4人全員の利得の合計が最大になり、各個人の利得も相当大きくなる。これは誰にとっても望ましい結果であるはずだ。それにもかかわらず、他人にただ乗りするともっと利益が大きくなるという誘因があるために、自分の投資をゼロにしてしまう結果、非常に悪い結果しか得られない。つまり、各個人は自分の利得だけを最大にすることを目的に行動するために、結果として社会的に最適な状態を達成できないのである。この状況は「**社会的ジレンマ**」と呼ばれる。

　では、公共財供給実験を実際の被験者にプレーしてもらうと、誰も投資しないという社会的ジレンマが常に発生するだろうか？　答えはノーである。1984年から2002年までに行われた27件の公共財供給実験のデータを分析したゼルマー（Jennifer Zelmer）によれば、被験者は自分に与えられた持ち分のうち平均37.7%をグループに投資することが確認されている[9]。この結果は、持ち分すべてを投資して社会的最適を達成するという結果とは違うが、投資額をゼロとする完全に利己的個人の結果とも異なる。

7　公共財供給実験における互酬性

　公共財供給実験においては、全員が同時に自分の選択を表明するので、他人の選択を知ってから自分の選択を表明することができないようになっている。一方、互酬性とは、他人の選択に対して、自分の選択でお返しをしようということだから、公共財供給実験を1回限り行う場合には、公共財への投資を行う際に互酬性が働くことはない。しかし、公共財供給実験を繰り返して行う場合には、互酬性が働く可能性がある。第1回目の実験で、他人の投資が多ければ、それによって、自分は利益を得ることになるので、第2回目の実験で自分の投

資額を増やしてお返ししようとするかもしれない。逆に自分が多額の投資をしたのに、他人は全然投資をせず、ただ乗りされた場合、2回目には自分も投資をゼロにして仕返しするかもしれない。このように互酬性がどのように各回の投資額に影響を与えていくかは興味深い問題である。

　しかし、公共財供給実験がもう1回繰り返されて全部で2回で終わりになるのではなく、もっと何回も繰り返される場合には、より興味深い問題が生じる。本当は、自分は損をしてまで親切にする気持ちがなくても、相手が互酬的であるなら、今回、親切にしてあげれば（投資を増やせば）、次回、相手は親切を返してくれる（投資を増やす）かもしれない。このように、将来の親切のお返しを期待して、今、親切にすることを**戦略的互酬性**と呼ぶ。本来の互酬性だけでなく、戦略的互酬性によっても、繰り返しの公共財供給実験では、被験者は投資額を増やし、社会的な最適を達成する（全員が全額を投資する）かもしれない。

　本来の互酬性と戦略的互酬性とは、どのようにして見分けることができるだろうか。繰り返し実験の最後の回の行動を見ると、両者を見分けることができる。最後の回にはもう次の回がないのであるから、次の回でのお返しを引き出すために親切にするという、戦略的互酬性の動機は、もう働かない。したがって、ある個人が利己的であり、投資が戦略的互酬性によってなされているのであれば、最終回の投資額は0になるはずである。これに対し、本来の互酬性を持っているために投資しているのであれば、前回に親切にしてもらったお返しとして、最終回であっても親切にするはずである。

　フェール（Ernst Fehr）とゲヒター（Simon Gächter）は、同じ4人が1グループとなって10回繰り返しの公共財供給実験を行った[10]。各被験者の公共財への投資額の平均は、図表5-3の○のグラフで示されている。このグラフを見ると、被験者は7ラウンド目までは当初与えられた額の40％程度を投資しているが、その後、終わりが近づくにつれて投資額が減少していることが確認できる。とりわけ最終回では、投資額は小さい。繰り返し公共財供給実験において、実験終了に近い回以外で高い公共財への投資額が観察され、終了近くでは投資額が小さいという結果の背景には、本来の互酬性ではなく、戦略的互酬性がより強

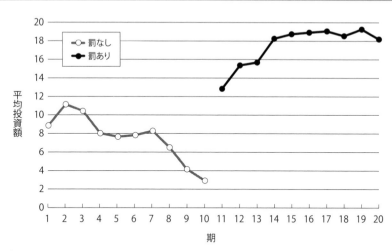

図表5-3 繰り返し公共財供給実験における投資額

(出所) Fehr, E., and S. Gächter (2000) "Cooperation and Punishment in Public Goods Experiments", The American Economic Review, 90 (4), 980-994, Fig. 3B.

く働いていると考えられる。

　同じ実験において、11回目からは公共財への投資を行う際に他人に罰を与えることができる機会が導入された。この実験では、第1段階において、4人が1グループとなって通常の公共財供給ゲームをプレーする。その後、各被験者の公共財への投資額が全員に知らされる。自分以外のメンバーの投資額を知ったうえで、各被験者には自分以外の特定の被験者の利得を減らす「罰」を与えることができる。ただし、罰を与えるにはコストがかかり、自分以外の被験者に罰を与えると自分の利得も減ることになる。それでも、自分の減る利得よりも多額の利得を他人から減らすことができる。

　罰を与えることができる公共財供給実験における各被験者の公共財投資額平均は、図表5-3の●のグラフで示されている。公共財への投資額は、罰を与えることができない場合よりも大幅に増加し、4ラウンド目以降には、当初与えられた額の90％以上を投資している。

　罰を与えることができる公共財供給実験であっても、自分の利益を最大化さ

せようと考える被験者は、コストがかかる罰を与えることはないだろう。コストがかかっても他人に罰を与える被験者は、公共財の投資に非協力的な者に敵意を持ち、処罰するという、一種の負の互酬性を持っていると考えられる。実際、この研究では、罰は平均の投資額よりも少ない投資をした人に与えられる傾向があることが確認されている。つまり、この実験では、他人の協力的な行動を引き出す正の互酬性と他人の非協力的な行動に対して罰を与える負の互酬性の2つの互酬性が存在していると考えられる。この2つの互酬性のために、高い公共財への投資が得られたと解釈することができるだろう。

8 不平等回避性

不平等回避性とは、自分が相手と利得を配分する場合に、相手が自分よりも利得が多いことや、自分が相手よりも利得が多いことを好まない性質を反映した選好のモデルである。この節では、フェールとシュミット（Klaus M. Schmidt）が提案した不平等回避性のモデルを見ていこう[11]。このモデルでは、人は基本的には平等を好み、不平等な状態に置かれると、罪悪感や嫉妬で負の効用を感じると想定する。罪悪感と嫉妬をモデルに組み込むことで、「独裁者ゲームで配分者が受益者に1円以上配分する」という行動や、「最後通牒ゲームで1円という配分額を受益者が拒否する」という、標準的な経済理論では説明できなかった実際の人間行動を説明することが可能となる。

以下では、Aくんという個人がBくんとお金を分け合う状況を考える。Aくんは、より多くのお金をもらうと満足を感じる。しかし、Aくんの満足度は、自分が得た金額だけでなく、Bくんが得た金額との差によっても影響を受けるとしよう。Aくんは、Bくんが自分よりも多い額をもらっていると不平等を感じて嫉妬する。しかし逆にBくんよりも多くの額をもらっていれば、「申し訳ない」という罪悪感を抱く。世の中には罪悪感を抱きやすい人もいるだろうし、嫉妬しやすい人もいるだろう。数理モデルを使うことで、罪悪感や嫉妬に関する選好をより厳密に記述することができる（〈より進んだ内容2〉参照）。

ここでは、より平易な数値例を考える。Aくんは100円もらうと100の効用を得て、1000円もらうと1000の効用を得るとしよう。また、Aくんの罪悪感は「自分と相手のもらった金額の差に0.6を掛けた値」を引くことで表す。つまり、Aくんが相手よりも1000円多い時に感じる、罪悪感由来の不効用は0.6×1000＝600となる（罪悪感を感じやすい人は0.6でなく0.8や0.9を掛けた値が引かれ、罪悪感を感じにくい人は0.2や0.3を掛けた値が引かれると考えれば、様々な個人を描写することができる）。

次に、Aくんが配分者、Bくんが受益者として独裁者ゲームを行う場合、Aくんはどのような配分をするのか考えよう。Aくんが自分に1000円、Bくんに0円という配分をした場合、まずAくんは、「1000円もらった」ことによって1000の効用を得る。しかしAくんは、「1000円も多くもらってしまい、申し訳なかった」という罪悪感によって、600の不効用を得る（0.6×1000）。これが差し引かれて、1000円を独り占めしたAくんの効用は、1000−600＝400となる。もしAくんが、自分に700円、Bくんに300円という配分をした場合、Aくんはまず「700円もらった」ことで700の効用を得る。しかし、「Bくんより400円多くもらってしまった」ので240の罪悪感を感じ（0.6×400）、効用は700−240＝460となる。

2つの状況を比較して、Aくんは自分の効用が大きくなる方を選ぶ。上で計算したように、Bくんに300円配分する方がAくんの効用が高くなるので、AくんはBくんに300円渡すだろう。つまり、Aくんのような罪悪感を抱くタイプの個人であれば、罪悪感による不効用を避けるために独裁者ゲームにおいて相手にお金を与えてもおかしくないことが理論的に説明できる。

合理的経済人（ホモエコノミカス）はこのような罪悪感を抱くことがないので、差し引かれる効用が0となる。罪悪感がないのであれば「自分に1000円、Bくんに0円」という配分をした場合の効用が一番高くなるので、合理的経済人はそのような利己的な配分を行うことも、このモデルによって説明できる。

次に、Aくんが配分者、Bくんが受益者として、最後通牒ゲームを行う状況を考えよう。BくんもAくんと同じく、100円もらうと100の効用を得て、1000円もらうと1000の効用を得るとする。また、Bくんの嫉妬は、Aくんとの差額

に 0.8 を掛けて表現する。例えば、「B くんが相手よりも 1000 円少ない時に感じる、嫉妬由来の不効用は $-0.8 \times 1000 = -800$」と書ける。罪悪感と同様に、もっと嫉妬を感じやすい人であれば 0.8 でなく 0.9 を掛けることで表現できる。

今、A くんが「自分に 800 円、B くんに 200 円」という提案をしたとしよう。もしこの提案を受け入れたら、B くんはまず「200 円もらった」ことで 200 の効用を得る。しかし、A くんとの差額（$800 - 200 = 600$）を見て嫉妬を感じるため（$-0.8 \times 600 = -480$）、$200 - 480 = -280$ という、負の効用を得る。最後通牒ゲームなので、B くんが提案を拒否すれば、2 人の報酬はともに 0 円になる。この場合「もらえて嬉しい」効用は 0 だが、A くんとの差が 0 なので嫉妬による不効用も 0 となり、B くんのトータルの効用は 0 である。つまり、A くんの提案を受け入れた場合の効用よりも拒否した場合の効用が高くなるので、B くんはこの提案を拒否するだろう（嫉妬を感じない合理的経済人であれば、引き算される不効用の部分がいつでも 0 なので、1 円以上もらえるのであれば、B くんは提案を受け入れる）。

このようにして、不平等回避性を想定すれば、「独裁者ゲームにおいて配分者が受益者に 1 円以上配分する」、「最後通牒ゲームにおいて 1 円という配分額を受益者が拒否する」という行動を説明することができる。

9 行為の背後にある意図の重要性

第 5 節の違法副業ゲームのところで、配分がランダムに決められた場合には、それが自分にとって有利な配分だろうが不利な配分だろうが、それに対する反応は変わらないという結果が得られていることを説明した。このことは、互酬性において、被験者の意図が重要であることを示唆している。これに関連して、フォークらは、被験者が他者の行為の背後にある意図を読み取るかどうか、読み取るとしたらそれをどの程度重視しているかについて興味深い実験結果を報告している[12]。

フォークらは、いくつかの最後通牒ゲームを比較した。ある最後通牒ゲー

では，配分者は選択肢 x：（配分者，受益者）＝（800円，200円）または選択肢 y：（配分者，受益者）＝（500円，500円）の2つのうちのどちらかを選ぶ。別の最後通牒ゲームでは，配分者は選択肢 x：（配分者，受益者）＝（800円，200円）または選択肢 z：（配分者，受益者）＝（1000円，0円）の2つのうちのどちらかを選ぶ。いずれの最後通牒ゲームにおいても，配分者の選択を確認した後，受益者は配分者の提案を受け入れるか拒否するかを決定する。受益者が提案を受け入れれば配分者の提案通りに賞金が配分されるが，拒否したら2人とも賞金は0円となる。1番目の最後通牒ゲームでも2番目の最後通牒ゲームでも選択肢 x は同じ結果をもたらすことに注意しよう。

実験結果では，1つ目の最後通牒ゲームで選択肢 x を提案された受益者のうち44.4%は拒否したが，2つ目の最後通牒ゲームで選択肢 x を提案された受益者のうち拒否したのは，8.9%であった。同じ選択肢 x に直面した受益者の行動は2つの最後通牒ゲームにおいて大きく異なる。その理由は以下のように考えられる。

1つ目の最後通牒ゲームで選択肢 x を提案された受益者は，「配分者は（500円，500円）という公平な配分 y を提案することができたにもかかわらず，敢えて不公平な提案 x（800円，200円）を選んだ」と配分者の意図を読み取ると考えられる。この場合，少なからぬ受益者は配分者の選択には悪意があると認識して，拒否を選んだと解釈できる。一方，2つ目の最後通牒ゲームで選択肢 x を提案された受益者は，「配分者は（1000円，0円）という利己的な配分 z を提案することができたにもかかわらず，敢えて寛大な提案 x（800円，200円）を選んだ」と配分者の意図を読み取ると考えられる。この場合，多くの受益者は配分者の選択は好意的であると認識して，受入を選んだと解釈することができる。

この実験結果は，現実の人間は，他人が自分に対して行った行為を評価する際には，利得の配分結果そのものよりも，その選択肢が選ばれるプロセスやその背後にある相手の意図を重視していることを示唆していると言えるだろう。

10 文化と社会的選好

　ヘンリッヒ（Joseph Henrich）らは、アジア、アフリカ、南アメリカに居住する原始的な生活を営む民族を含む様々な民族を対象に、最後通牒ゲームを行った[13]。ペルーのマチゲンガ族の農民を対象とした実験では、配分者が受益者に与えた配分額の平均は26%であった。それにもかかわらず、その少ない割合の配分額を拒否した受益者はわずか4.7%だった。他方、パラグアイの狩猟採集民族であるアチェ族の配分者の配分額は約48%、集団で捕鯨を行っているインドネシアのラマレラ族の配分者の配分額は57%という高い割合であった。ヘンリッヒ他によれば、民族によって配分者の配分額に幅があるこの実験結果の背景には、各民族の日常の生産活動においてどの程度個人間の協調的作業が行われるかという要因があるという。すなわち、協調が日常的に行われているほど、配分額が多いと考えられるのである。

　例えば、アチェ族やラマレラ族における高い配分額は、彼らが日常行っている集団での狩猟と密接な関係があると考えられる。他方、マチゲンガ族における最も重要な社会集団は家族であり、家族以外の人物と協働で重要な生産活動を行うことはまれだという。一連の実験の中で最も低い彼らの配分額は、他者との間の協調的な経済活動が日常的に行われていないという事実と関係しているかもしれない。

練習問題

❶　日常生活で見られる互酬性にはどのようなものがあるか？　例を2つあげよ。

❷　最後通牒ゲーム実験において、配分者の多くは自分の持ち分の40~50%を提案する。なぜ配分者はそれほどの額を受益者に配分しようとするのだろうか？

❸ 信頼ゲームの社会的最適解では、配分者、受益者はいくらの金額（利得）を手にすることになるか。

❹ 公共財供給実験で、社会的最適が実現できないのはどのようなメカニズムが働くからか。皆で議論せよ。

❺ 図表5-3を見ると、罰を与える公共財供給実験において、最終回に投資額があまり減らない。この結果から、本来の互酬性と戦略的互酬性についてどのようなことが言えるか。

❻ 負の互酬性についても、本来の互酬性と戦略的互酬性の両方が考えられる。さらに、処罰をする理由としては公平性（正義感）に基づくことも考えられる。すなわち、たとえ自分は不利益を被らなくとも、ただ乗りをしている個人をモラルに反するから許せないと考え、罰しているのかもしれない。独裁者ゲームに第3のプレーヤー（処罰者）を加えてみよう。その人は、まず、いくらかのお金を与えられ、独裁者が受益者に配分する額を観察してから、与えられた自分のお金からいくらかを払って、その3倍の額を独裁者の利得から減らすことができるとする。この実験の結果、かなり多くの場合、処罰が行われることが確認されている。この結果は、処罰はどのような動機（負の互酬性、公平性）によって、なされることを示唆しているか。

[注]

1 Camerer, C. F. (2003) *Behavioral Game Theory*, Princeton University Press.
2 Hoffman, E., K. McCabe, K. Shachat, and V. Smith (1994) "Preferences, Property Rights, and Anonymity in Bargaining Games", *Games and Economic Behavior*, 7 (3), 346-380.
3 Andreoni, J. (1990) "Impure Altruism and Donations to Public Goods: A Theory of Warm-glow Giving", *The Economic Journal*, 100 (401), 464-477.
4 Bolton, G. E. and E. Katok (1998) "An Experimental Test of the Crowding out Hypothesis: The Nature of Beneficent Behavior", *Journal of Economic Behavior & Organization*, 37, 315-331.
5 前掲注1。
6 Hoffman, E., K. McCabe, and V. Smith (1996) "On Expectations and the Monetary Stakes in Ultimatum Games", *International Journal of Game Theory*, 25(3), 289-301. および前掲注2。

7 Berg, J., J. Dickhaut, and K. McCabe (1995) "Trust, Reciprocity, and Social History", *Games and Economic Behavior*, 10 (1), 122-142.
8 Falk, A., E. Fehr, and U. Fischbacher (2008) "Testing Theories of Fairness—Intentions Matter", *Games and Economic Behavior*, 62 (1), 287-303.
9 Zelmer, J. (2003) "Linear Public Goods Experiments: A Meta-Analysis", *Experimental Economics*, 6, 299-310.
10 Fehr, E. and S. Gächter (2000) "Cooperation and Punishment in Public Goods Experiments", *The American Economic Review*, 90 (4), 980-994.
11 Fehr, E. and K. M. Schmidt (1999) "A Theory of Fairness, Competition, and Cooperation", *The Quarterly Journal of Economics*, 114 (3), 817-868.
12 Falk, A., E. Fehr, and U. Fischbacher (2003) "On the Nature of Fair Behavior", *Economic Inquiry*, 41(1), 20-26.
13 Henrich, J., R. Boyd, S. Bowles, C. Camerer, E. Fehr, H. Gintis, R. McElreath, M. Alvard, A. Barr, J. Ensminger, K. Hill, F. Gil-White, M. Gurven, F. W. Marlowe, J. Q. Patton, N. S. Henrich, and D. Tracer (2005) "Economic Man in Cross-Cultural Perspective: Behavioral Experiments in 15 Small-Scale Societies", *Behavioral and Brain Sciences*, 28, 795-855.

第6章

お金に関する経済心理

本章のポイント

- ☑ お金の概念は人々の行動に心理的な効果をもたらす。
- ☑ 支払方法は購入行動に影響を与える。
- ☑ 人々のお金に関する感覚は状況に応じて変化する(メンタルアカウンティング)。
- ☑ 埋没した費用(サンクコスト)は、後の行動や決定に影響する。
- ☑ 人々は、機会費用を軽視してしまう。

　本章では、お金が絡む経済行動とその心理的メカニズムについて解説する。中心部分を占めるのは、行動経済学の主流となる3つの現象、メンタルアカウンティング・サンクコスト効果・保有効果である。その前に、導入的な節として、お金の経済学的な意義とお金の心理的な効果を説明してから、支払方法とその透明性について説明する。本章の終わりに、進化しつつある情報化社会における「無料の価格」のメカニズムを解説する。

1 お金の経済的な意義・心理的な効果

お金の経済的な意義

　お金の使い方には、主に2つある:財やサービスの入手(物を買うこと)と、

就労に対する報酬である。これらのお金の機能両方を上手く作用させるのは、市場経済の中心的な役割を果たす市場価格メカニズムである。市場価格メカニズムが効率良く機能し、なおかつお金という便利な交換の手段が存在するおかげで、個人や企業が容易にあらゆる行動の費用と便益を分析できる。お金を支払う代わりに商品を入手する、つまり買い手として取引に参加する際にも仕事を引き受けその見返りとしてお金が支払われるし、売り手として取引に参加する際にも費用と便益を考慮し、取引に参加するかどうかを決めることができる。また市場価格メカニズムとそれをスムーズに働かしているお金があるからこそ、モノやサービスの価値を容易に評価することが可能になっている。商品に価格が表示されることにより、その商品の価値に対する市場全体の共通の評価がひと目でわかる。このような価値の尺度のおかげで、買い手は自分自身の主観的な価値に比べ、その商品を買うメリットが自分にあるかどうかを直ちに判断することができる。

　お金の2つの機能——交易の手段と価値の尺度（3つめの役割には、「価値の保蔵」もある）——両方が相互作用し、日常生活やビジネス世界においてモノやサービスの交換が可能になっている。このようにして、お金は経済活動の実情——消費者の購買行動、労働力の供給など——を覆い隠していると考えられる[1]。経済学が分析の対象にしているのは消費者や企業の実際の行動であるため、本質的な意味を持たないお金は分析の対象から排除してもよいという、経済学の中で暗黙の了解がある。

　このような理想化した経済理論が、現実社会をどれだけ反映しているかについては少し疑問が残る。現代の消費経済がお金を中心に動いていることは、われわれにとってはごく当たり前のことであると言っても過言ではない。しかし、お金はわれわれの実際の経済行動に心理的にも影響を及ぼす。お金のことを深く考えずに価格だけでモノの価値を判断してしまうと、あらゆる決定や行動のバイアスが生じやすくなる。それは、次に紹介する実験から見てもわかる。

お金の心理的な効果

　お金がわれわれの行動や他者との関係にどれほど大きな影響を及ぼすかを調

べた、ある有名な実験がある[2]。この実験でわかったことは、お金のやり取りがなくても、お金に関連する情報がバックグラウンドで流れているだけで、人々の行動が変化することである。

　実験の流れを簡単に説明すると、この実験の被験者達は、お金のこととは無関係な調査に参加するように依頼されて、参加している。そこでは各自の机と椅子が用意されており、紙の調査票に回答するようになっている。机の上にはパソコンのモニターがあり、被験者が調査票を記入している途中で、パソコンのモニターにはスクリーンセーバーが現れるようになっていた。そのスクリーンセーバーには3種類あり、その画像の内容によって被験者も3つのグループに分かれていた。下図のように、1つのグループには水の中に鮮やかな魚が泳いでいる動画が映し出され、もう1つのグループには無地の画面が表示され、最後のグループには水の中に紙幣（カナダドル）が漂っている動画が流れているように設定されていた。

　その調査票の回答を終えた後で被験者は、今度は隣の部屋にいる別の被験者と知り合いになるための会話をしてもらいたいと、研究者から言われる。研究者は、別の部屋にいる被験者を連れてくると言って部屋を出る前に、会話をしやすくするために部屋の隅に置かれている椅子を被験者の椅子の近くに引き寄せるように依頼して出て行った。ここで大切なのは、自分の椅子と他者のために引き寄せた椅子との距離である。椅子と椅子との距離は、被験者にとって望ましい社会的な親しみ度の尺度として解釈される。結果は以下のグラフを見て

図表6-1　被験者に見せられた3種類のスクリーンセーバー

（出所）Vohs, K., N. Mead, and M. Goode（2008）"Merely Activating the Concept of Money Changes Personal and Interpersonal Behavior", *Current Directions in Psychological Science*, 17(3), 208–212, Fig. 1.

図表6-2　椅子間の距離についての実験結果

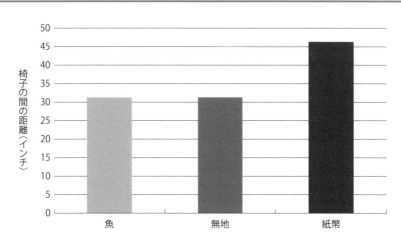

（出所）Vohs, K., N. Mead, and M. Goode（2008）"Merely Activating the Concept of Money Changes Personal and Interpersonal Behavior", *Current Directions in Psychological Science*, 17(3), 208-212, Fig. 1.

もわかるように、実験の冒頭におけるバックグラウンドで流れていたスクリーンセーバーの内容によって、椅子の距離ははっきり分かれている。

　このことによって、お金の概念が少しでも頭の中に入っている被験者は、お金の概念がない被験者よりも他者との距離を長くしようとすることがわかった。

　この実験で使われているお金に関するスクリーンセーバーを背景に流すという措置は、心理学の分野で「**プライミング**」と呼ばれる。一般的にプライミングとは、本題に先行した情報や課題などが、それに続く別の課題の結果に無意識的に影響を与えることを意味する。上記の実験を実施した研究者は、このスクリーンセーバーによるプライミングと椅子の距離感の実験以外にも様々な方法を用いて被験者をお金に関してプライミングさせて（お金の絵の近くに座らせたり、お金のことに関わる単語を用いた文章を作成させたりして）から異なる目的の実験をいくつか実施した。それらの実験から、プライミングされていなかった別のグループの被験者の行動を比較しお金の概念が人に与える影響を調べた結果、興味深いことに、お金の概念をプライミングさせた人の行動に関

しては、そうでない人に比べて以下の行動傾向が報告された。
- 他の人々の役に立とうとしない。
- 慈善事業に寄付する金額が少なくなる。
- グループワークよりも1人で作業したがる。
- 難しい作業をしている場合、協力や助けを求めない。
- 交易・取引・市場ルールに基づく関係や規則を好む。

　これらの結果から、お金の概念は人々の行動に2つの効果をもたらすということが言える。1つは、お金が関わってくると、より自給自足的な行動をとらせる作用が働き、他者に頼らないようになり、他者と協調しないようになる。もう1つは、他者との関係を、経済市場やビジネス世界におけるような、価格を中心とする、ルールがはっきりしている価値観で結ぼうとする。

　この2つの効果は、まさに伝統的な経済学の幹となっている「利己的行動」と「市場原理」にぴったり合致する。それでは、お金が絡むと人々は冷静に合理的になるのだろうか。本章の残りの部分では、この疑問について考えてみよう。

2　お金を払う苦痛

　お金を使って「買い物」をするという行動は、通常「楽しい」行為だと考える人が多い。自分のエネルギーや時間をかけた労働力の対価としてお金が支給され、そのお金を使って自分の好きな商品を買って楽しむ（「消費」し「効用」を得る）という過程の末に、達成感を感じるからである。

　しかし、自分の所有しているお金には（よほど金持ちでない限り）限りがあり、お金は個人にとっての1つの「希少な資源」としてみなすことができる。お金を支払うことは、その希少な資源を枯渇させてしまうことにつながるため、「苦痛」や「損失」を感じることを伴うことがある。このようなネガティブな感情を抱くと、商品を消費することから得られる満足度も低下してしまう可能性が生じ、消費者の購買意欲にブレーキをかけることもある。

お金を払うという行為について詳しく考えてみると、以下のいくつかの側面に分けることができる。
- 決済方法：現金、クレジットカード、小切手、電子マネー、円・ドル、等々
- 身体的努力：財布を出す、異なる額面の札や硬貨を数える、マウスをクリックする、カードをカードリーダーにかざす、様々な動作
- 支払額：商品の価格と商品への支払許容額（払ってもよいと思う金額の上限）について考える必要性

これらの要因の捉え方は、個人の心理や経済的な状況・経済環境により異なると考えられ、商品の購入意欲への影響を及ぼすものと考えられている。次いで、**支払方法**を中心にお金を払う時に生じる苦痛と購入意欲の関係について説明する。

支払方法と支払いの実感度

経済学では本来、商品価格の提示方法や代金の支払方法の違いで消費者の支払許容額が左右されることは一切ないと考えられてきた。ところが多くの実験や実証研究では、支払方法が現金かあるいはクレジットカードによって行われるという情報が提示された時に、クレジットカードの場合は支払許容額が高くなり、現金の場合には反対に低くなることが明らかになった[3]。

これらの実験結果を理解するために、支払いの実感度という概念を導入しよう。支払いの実感度[4]とは、支払方法の現金払いを基準とした支払いの相対的な顕著性のことである。現金払いの場合、商品を購入する際にその場で財布を取り出したり、札や硬貨を数えたり、販売員へ直接お金を渡す、というはっきりした形態の取引である。現金払いの行為は、消費者の目の前で現金の移動が行われているので、非常に購入の実感度が高い支払方法であり、現金という自分の希少な資源を減少（支出＝資源の出入りにおける「マイナス」）させながら、同時に商品を入手（受け取り＝資源の出入りにおける「プラス」）しているという「秩序ある関係」が成り立つ。

対照的に、例えばインターネットで商品を購入する時は、オンライン決済と

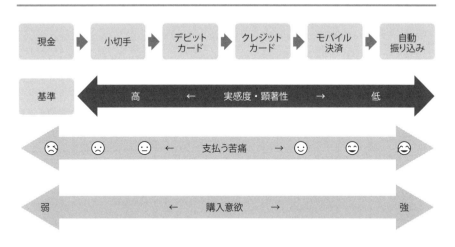

図表6-3 支払方法の実感度と購入意欲

いう支払方法が使われることが多い。商品の性質により、決済手続きを済ませば即時にその商品を楽しめる商品（電子書籍、モバイルアプリ、パソコンソフトウェア、等々）もあれば、時間が経ってからしか商品を消費することができない商品（紙媒体の書籍、パソコン本体、電化製品、食料品、等々）もある。オンライン決済の手続き自体（銀行口座から代金がクレジットカード会社への引き落とし）は、通常購入時より将来の時点で執行され、一般的に商品の入手時とは別の時点で行われる。それゆえ、お金の支出という「資源の出荷」と商品の入手という「資源の入荷」が時間的に分断され、取引にあたっての支払いが明確でなくなってしまい支払いの実感度が低くなる。

支払いの実感度と支払方法との関係を、図表6-3にまとめよう。

支払方法の実感度が高いほど、本人が支払っているお金の枯渇に対する刺激が強くなっていく。その結果、お金を手放すことによって起こるネガティブな感情もよりいっそう強くなり、それゆえに支払いの苦痛が大きくなる。逆に、モバイル決済や自動振り込みといった相対的に実感度が低くあまり直接的でない支払方法になると、お金の支出に伴うネガティブな感情が起こりにくくなる。

以上のことにより、購入意欲とは支払方法の実感度が低いほど購入意欲が強固となり、支出を増額させる傾向が強まる一方で、現金払いやそれに近い支払方法になると、購入意欲が薄弱となりお金を費やそうという気持ちが弱まる傾向がある。この傾向は、衝動買い行為でも明らかである。予め買おうと思っていた商品以外の商品が目に付いた時に、現金払いの場合よりもカード払いの方が衝動買いしがちなのである[5]。

　現金払いだけに焦点を当ててみても、同じ商品で同じ価格であっても、紙幣で支払うか硬貨で支払うかによって人々の支払許容額は異なる。硬貨より紙幣の方が額面が高いため、支払許容額が高くなることが経済実験[6]でわかった。この結果を経済心理学的に解釈すると、硬貨での支払いは小額の買い物（ボールペン）にあてられ、紙幣での支払いはより高額な買い物（指輪）や支出に使われるというふうに、人々の「心の中」に自動的に「硬貨のアカウント」と「紙幣のアカウント」が作られるのである。

3　メンタルアカウンティング

お金のカテゴリ化

　お金をどの商品やサービスの購入に使っても、お金1単位（100円、1万円、など）の価値は変わらない。例えば、お腹が空いたので100円のおにぎりを買って節約しようとしても、運を試そうとして100円の宝くじ券を豪快な気分で買ったとしても、どちらも100円の「支出」が発生する。同様に、一所懸命アルバイトをして10万円を稼いだ場合も、たまたま宝くじが当たって10万円の賞金をもらった場合でも、その10万円の源泉がどこにあるのかは関係なく、それぞれに10万円の「収入」が発生する。合計20万円のお金があった時、どの10万円が苦労して稼いだお金なのか、を見分けることはできない。また、苦労しようがしまいが、10万円は10万円の価値があるのであり、それ以上でもそれ以下でもない。つまり、お金は代替可能な性質を持ち、お金の価値は個人

の事情や精神状態に依存せず客観的なものであり、「使わずに済んだお金は、得たお金と同じ」ということなのである。お金を支出するにあたって、そのお金がどのようにして稼がれたかを考えることは、全く意味がないことである。

ところが、人々はしばしば異なる使途や異なる源泉のお金に対して、異なる「ラベル」を付けて**カテゴリ化**する傾向がある。ラベルが違うとそれぞれの使い方も違ってくる。このような状況に応じて変化する人々のお金に関する感覚は、「**メンタルアカウンティング**」[7]や「**心の会計簿**」と呼ばれている。メンタルアカウンティングは、リチャード・セイラー（Richard Thaler）によって発展した[8]。

ラベルの異なる様々なアカウントには、必ず以下の2つの要素がある[9]。
1) 計量プロセス：アカウントの通帳のようなもの。お金の出入りと残高を測定するプロセスのこと。
2) 適用範囲：アカウントの分類とその対象となる（支出や収入やそのタイミングの）範囲のこと。

例えば、図表6-4のようなアカウントのカテゴリ化をする人を想定してみよう。「衣食住費」という広範囲なアカウントからはじめ、滅多に発生しない出費に属する「バイク修理費」というとても狭い範囲になる個別アカウントまでもが作成され、お金は細かくカテゴリ化されている。

上のようなお金のカテゴリ化は、多くの場合は無意識のうちに実施され明示的には行われていない。ところが、実際に缶や封筒にお金を入れてラベルを貼って、必要となった時に特定の缶や封筒からお金を引き出す人もいるのである。例えば、1950年代のアメリカ人の主婦らは、3つの缶、「住宅ローンの返済」・「生活費」・「娯楽費」に夫の給料を分けて入れて、必要に応じて適切な缶からお金を引き出したりしていたことが報告されている[10]。メンタルアカウンティングによるカテゴリ化は、特にお金のことを考える時に無意識に起こりやすく、実行されやすい。同じような過去の経験が繰り返し続くと、努力や認知能力をあまり費やさずに、カテゴリ化が内発的になおかつ速やかに起こると考えられている。

支出について分類・仕分けをして管理することは、どのような項目にいくら

図表6-4　アカウントのカテゴリ化の例

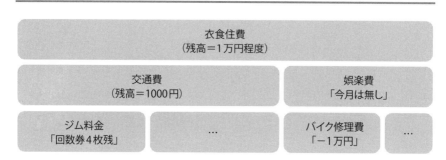

支出するのがいいのかを判断しやすく、また、計画を超えて支出することを抑制しやすいというメリットがあると思われる。完全無欠な人間（ホモエコノミカス）なら、分類しなくても最適な支出計画は立てられ、また、計画は必ず守ることができるので、このような分類の必要はない。分類のメリットは、人々が限定合理性を持っていることから生じる。

たとえ、家計簿をつけていなくとも、無意識のうちに、頭の中で項目によって支出管理をしていることは、次のような例から知られる。数日前に5000円の演劇のチケットを買った人よりも、5000円の駐車違反をした人の方が、野球のチケットを購入しやすい傾向がある。この理由としては、野球と演劇のチケットが同じ支出項目に入れられている、という解釈と、野球と演劇が同じ財の消費であるので、追加的な効用が小さくなるとの2つが考えられる。

短期間で損失を評価するということも行われる。例えば、毎日競馬に行っている人も、その賭けのもうけを1日単位で評価することが多い。そうしていることの証拠として、毎日の最後の方のレースでは大穴狙いが増えるという事実があげられる。これには、2つの気質があると思われる。第1に、人はギャンブルで損をした時に、その損を取り戻そうとして賭けに出る傾向がある。ギャンブルで3000円負けた人に、①33％で3000円あたるが67％で0円、と②確実に1000円もらう、のどちらがよいかを尋ねると、60％の人が①を選んだ。つまり、人は損を帳消しにすることにこだわるのである。第2は、明日、損を取り戻せばよいと思っているのではなく、その日の勝負で、会計を閉じていること

である。

　このように、1日で会計を閉じることは、ニューヨークのタクシー運転手の行動を調べた研究でも指摘されている[11]。ニューヨークのタクシー運転手は毎日の労働時間を自分で選べるが、賃金率（その日の収入／運転時間）が高い日（つまり客の多い日）ほど早く切り上げ、客の少ない日ほど遅くまで粘って営業することがわかった。賃金率の高い時により長時間働くというのが、最適の経済行動なので、これは奇妙な行動である。この行動は、①タクシー運転手は売り上げ目標を持っており、②1日単位で目標を評価する、と考えれば説明できる。

メンタルアカウンティングとハウスマネー効果

　収入についても項目別に管理することが行われている。この場合、収入が苦労して得られたものか、あぶく銭かといった特徴で分けられ、後者の方がたやすく支出されやすい。

　メンタルアカウンティングが鮮明に機能するお金に関する面白い経済心理の1つに、「**ハウスマネー効果**」[12]がある。ハウスマネー効果とは、くじが当たった、などという思いがけない所得が手に入った時のその収入の使い方が、労働して稼いだ給与という収入の使い方とは異なる傾向のことである。具体的には、思いがけなく手に入った収入の使い方は、通常稼いだお金の使い方に比べて金遣いが荒くなる傾向がある。「ハウスマネー」という言葉の由来は、カジノなどで賭けて勝ったお金が自分の以前から所持していたお金と違って、カジノの経営者のことをいう「ハウス」のお金が手に入ってしまったため、またそれを賭けにつぎ込んでリスクの高い行動を起こしてしまうことから来ている。通常の労働所得と賭けで勝った「ハウスマネー」のようなあぶく銭ともいうべき不労所得とでは、たとえどちらも同額であったり同時に受け取るものであっても、それぞれが別々のメンタルアカウントで処理される現象は、従来の経済学の観点から見ると奇妙な経済心理である。

　ハウスマネー効果は、ギャンブルで勝ったお金に限らず日常生活でもよく見られる現象である。買い物を例にとろう。予め購入を決めた商品を買いに行っ

たら、うれしいことに特別セールが行われていたので半額で買うことができた。こうして「節約」できたお金を使って、例えば普段なら一切行かない高級レストランで豪華なランチをしてしまうことは、まさにハウスマネー効果そのものである。この場合に節約したお金は思いがけなかった収入として認識され、消費者の購買行動において異常な金離れを起こすのである。

　思いがけなかった不労所得がなぜ労働所得よりも気楽に使われる傾向にあるのかというと、前者の心理的価値が後者に比べて低いからである[13]。ここでいう心理的価値とは、お金を払うことに伴う損失の感情である。商品を購入するという行動の心理的な損得勘定のプロセスを確認しよう。商品を使う（あるいは使うことを予想する）ことによって得られる満足感の度合は心理的な利得である。一方、商品を入手するために必要なお金の支払いや、それに伴う苦痛などは心理的な損失である。心理的な利得が心理的な損失を上回れば、消費者は商品を購入するという決断をする。ハウスマネー効果が起こる原因として、「思いがけない収入の場合には、そのお金を使うことに伴うネガティブな感情という心理的な損失が、通常の労働所得から得られた収入の場合に比べて低い」という仮説が提唱され、経済実験で確証を得られた[14]。この仮説では、プロスペクト理論の価値関数が、図表6-5のような構造を持つと仮定している。

　この図で、「不労所得」という点線は、思いがけない幸運で得られた不労所得を支出する場合に感じる損失の痛みを表している。一方、「労働所得」と書かれている実線は、苦労して稼いだ所得を支出する場合に感じる損失の痛みを表している。ハウスマネー（不労所得）の場合、損失局面における価値関数の傾き（損失回避係数という）は、労働所得を支出する場合の傾きより緩くなる。支出の損失感が低いために、簡単に支出されるということになる。

　ハウスマネー効果は、従来の経済理論で展開される合理的な意思決定ルールと明らかに矛盾している。つまり、人々がハウスマネー効果を示すという事実は、従来の経済理論では説明できない。従来の経済理論が想定する合理的な意思決定とは、「ある行動がもたらす将来の（期待）便益と将来の（期待）費用を評価して便益が費用を上回るならば行動をとると決定し、便益が費用を下回るならば行動をとらないと決定する」という極めて簡潔にして明瞭なものであ

図表6-5　価値関数とハウスマネー効果

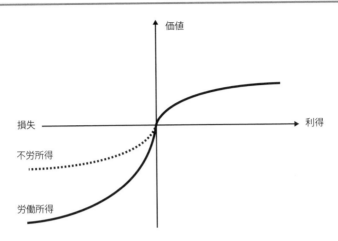

（出所）Peng, J., D. Miao and W. Xiao（2013）"Why Are Gainers More Risk Seeking", *Judgment and Decision Making*, 8 (2), 150-160, Fig. 2.

る。ここで重要なのは、現在とるべき行動を考える際に考慮すべきなのは、「将来の」便益・費用だけである点である。過去の結果、即ち決定の現時点までに実現してきた損益は無視するべきなのである。言い換えれば、これからの行動とは無関係な過去の結果は埋没したものである。これに対し、ハウスマネー効果では、ごく近接過去に実現された収入が思わぬものであったかどうかが、ごく近接未来に直面する支払い意思決定問題に直接的な影響を及ぼすのである。すなわち、ハウスマネー効果は埋没収入の誤謬であると言え、次節で紹介する**サンクコスト（埋没費用）**の誤謬と類似の現象である。

4　サンクコスト

　メンタルアカウンティングは、サンクコスト効果と密接な関係がある。サンクコスト効果とは、ある行動や決定に伴う費用（金銭的や、時間的や、努力のコスト）が掛かった時に、その費用が後の行動や決定に影響することである。

サンクコスト効果のよくある実例が、「元を取りたい」という考え方である。例えば、利用期間が定まったテニススクールの回数券を前払いで買ったが、そのスクールでの練習中に肘をケガしてしまったにもかかわらず、既に払ってしまったお金を無駄にしたくないため通い続けるというものだ。

もっと、経済的な例も考えられる。2000億円をかけて、ホテルチェーンを作ったが、集客が思わしくなく、毎年多額の赤字を出している。いろいろ努力したものの、赤字脱却の見込みが立たない。この時、資産評価をして500億円なら購入しようという企業が現れた。あなたは売却するだろうか？　売却しても、1500億円もの損失である。

経済合理性から言うと、過去、どれだけの経費が掛かったかは、これからどうすべきかの判断をする際に考慮すべきではない。テニススクールの費用は既に払ってしまっているので、これからスクールに通おうがやめようが、その損失（支払い）額は変化しない。したがって、テニスをすることによって楽しめるだけ通うべきであって、もし肘が痛くて苦痛でしかないならテニスをしない方が自分の満足度を高めるはずである。しかし、現実の人間はなかなかそのように割り切った評価ができない。無理して通っても、損失を取り返した気がする人が多いのである。

ホテルの例はもっと複雑である。将来、本当に儲かる可能性がないのか、土地が値上がりするかもしれないなど、将来の不確実性があるからである。しかし、本当にその見込みがなかったとすると、赤字しか生み出さない資産は売れる最高の値段で売ってしまうのが合理的である。たしかに、1500億円の損失は耐え難いが、これは過去に投資する時の判断が悪かったのであって、仕方がない。赤字を生む資産を保有し続けることは損失をさらに膨らませることになるので、合理的でない。経済学は既に払ってしまった費用を、サンクコスト（埋没費用）と呼んで、それによって、これからの意思決定が影響されることを戒める。しかし、現実の人間にとって、過去の支払額を無視することは、なかなかできないことである。

上記のテニススクールやホテルの事例においては、サンクコスト効果により、やめるべき行動（テニススクールに通う・プロジェクトに投資する）を非

合理的に継続させ、余計な費用や投資を費やしてしまうのである。この結果を裏返した継続すべき行動を非合理的に取りやめてしまうことも、サンクコスト効果の現れである。説明上、前節の冒頭で紹介したメンタルアカウンティング要素の「計量プロセス」における「予算」の概念が重要である。次のような2つのシナリオを比較しよう。

> シナリオA: 商品を買う前にその商品の値段と同額のお金を無くしてしまった。商品を購入しますか？ それとも、購入しませんか？
> シナリオB: 商品を買ったがその商品を消費する前に無くしてしまった。商品を再購入しますか？ それとも、再購入はしませんか？

このシナリオ例題は、1981年に発表されたトヴェルスキーとカーネマンの研究である[15]。彼らは、商品に劇場のチケットを使った心理学実験を行い、商品を無くした場合（シナリオB）に比べ、商品価格と同額のお金を無くした場合（シナリオA）には商品を購入する傾向が強くなる、との結果を報告している。この結果を次のようにメンタルアカウンティング理論を使って説明できる。商品を買ってから無くしてしまった場合（シナリオB）は、買った時点でその商品のメンタルアカウントが開設された。もし再購入するならば当該アカウントが予算オーバーになってしまう可能性が生じるため、再購入を控える傾向がある。商品を買う前にお金を無くしてしまった場合（シナリオA）は、当該商品のメンタルアカウントがまだ開設されていないため購入する意識が相対的に高くなる、と解釈される。

経済合理的であれば、メンタルアカウンティングを考えることはあり得ず、2つのシナリオにあるお金を無くした場合も商品を無くした場合も、それらはどちらもサンクコストであり今後の意思決定には関係ない。どちらの場合も、以前に比べて財布の中身（一般的に、富）から同額の（商品代金に等しい）金額が無くなっており、また、依然として欲しい商品が手に入っていない点で同じである。シナリオAに置かれていた被験者はシナリオBに置かれていた被験者よりも、商品の購入意欲が相対的に強いことはサンクコストを合理的に無視

できたためであり、即ち商品の購入を合理的に諦めなかった、と言える。逆に、シナリオBに置かれていた被験者は商品を購入した瞬間、その商品のメンタルアカウントを開き、商品代金を予算の支出として計上した、と解釈できる。商品の再購入を検討する時、一回目の支出はサンクコストであるが、なかなかそれを無視できない。再購入に伴う商品代金の支払いをもともとの支出に非合理的に上乗せしてしまい、アカウントの予算限度を上回れば購入を諦めるのである。

また、経済的な例も考えられる。初期投資費用をかけた後、不動産開発プロジェクトを完成させていくために追加投資金を注入するかどうか、という意思決定をしないといけないとしよう。プロジェクトを完成させないと収益が確実にゼロになる。例えば、次のような2つのシナリオを考えよう。

> シナリオA：初期投資費用＝1.5億円、追加投資金＝2.15億円、予測収益＝9.45億円。このプロジェクトを追加投資して完成させますか？
> シナリオB：初期投資費用＝8.7億円、追加投資金＝2.15億円、予測収益＝9.45億円。このプロジェクトを追加投資して完成させますか？

シナリオAとシナリオBとの唯一の相違点は、サンクコストである初期投資費用額にある。両シナリオにおいても、決定時以降発生しうる費用と便益だけ考えて限界的な意思決定を行うべきである。したがって、サンクコストを無視して追加投資するという決定は両シナリオにおいても最適である。ところが、このような意思決定問題が実験で検証された結果、初期投資額が高くなればなるほど、プロジェクトを完成させないという選択肢を選ぶ人が多くなることが報告されている[16]。すなわち、シナリオBの方が、「完成させない」を選ぶ回答者が多い。追加投資を諦める被験者は、当該プロジェクトのメンタルアカウントに総投資費用の予算額を設定し、プロジェクトの収益額がサンクコストも含めた総投資額に上回られれば、追加投資しないという非合理思考を示すと考えられる。

一言で要約すると、メンタルアカウンティングはサンクコスト効果を生み出

す。ある行動・商品・投資プロジェクトなどに対して無意識のうちにメンタルアカウントが開かれると、取り戻すことのできない、無視すべきサンクコスト（テニススクールの回数券・投資プロジェクトの初期費用・無くしてしまった商品など）が鮮明にその人の頭の中に焼き付いており、以後の行動を左右してしまう。サンクコストを意識するため、メンタルアカウントを「赤字のまま」清算できずに余計な行動（元を取りたいためにお腹がいっぱいでも無理矢理食べたり・初期投資額をカバーするまで無理してホテルを経営し続けるなど）を取りがちであり、あるいはメンタルアカウントを「予算オーバー」させないために、有望な行動（無くしてしまった商品の再購入・予測収益の高い投資プロジェクトに追加投資）を放棄しがちである。

　メンタルアカウンティングの対象をお金ではなく時間にすると、サンクコスト効果は顕著でなくなる[17]。例えば、消費者に「あるアクティビティや商品に、自分の時間を無駄にしてしまった場合、別のアクティビティや商品で時間を節約して取り戻そうとするか？」という質問をすると、お金を費やしたときに比べ時間を費やしたときの方がはるかに節約する傾向は弱くなる。

　このお金と時間の扱い方における差の原因は、お金の使い方についてはメンタルアカウントとして考えるのが容易であるけれども、抽象的なものである時間の使い方についてはメンタルアカウントとして捉えるのが難しく、そもそも人々は時間を会計として考えようとは思わないものである。その理由は、資源として考える時間とお金の本質的な違いにあると考えられる。時間の流れを止めることは不可能なので、時間はお金のように「ストック」を貯めることができない。また、お金を浪費したとしても、その分働いてまたお金を得ることはできても無駄にしてしまった時間を取り戻すことはできない。経済学でも実際のビジネスにおいても、お金の投資は正式な生産要素として扱われるが、時間の投資は必ずしもそうではない。お金の会計は日常業務の一部として頻繁によく行われる行為であるのに対して、時間の会計を意識して行う人や企業家は少数である。

　サンクコスト効果は経済行動の中で特に現れやすいため、昔から経済学者の注目を集めてきた。ところが、心理学者もサンクコスト効果に関心を持ち、そ

の心理的な仕組みをめぐって議論が続いている[18)]。心理学者側からのサンクコスト効果の有力な説の1つは、極力無駄を減らすためにサンクコストにとらわれがちになる、ということである。費やされたコストを「投資」として解釈すると、その投資に対する収益を得られていない限り、失敗したプロジェクトにさらに資源（お金・時間・努力）をつぎ込み、負債をさらに広げるだけである。

　状況が変化しても最初の決断を正当化しようとしながら、立場を固定しようとして「無駄回避的」な行動をとり続けてしまうことの背景にあるのは、やはり行動経済学のプロスペクト理論における損失回避性である。サンクコスト効果の場合、投資した資源が損失にならないようにするために、非合理的な行動をとりがちである。

5　保有効果

　サンクコスト効果の場合、人々は自分がお金（時間・努力）をかけたものをコストとして捉えるのは納得がいく。では、例えばプレゼントをもらったとしよう。その場合、自分の資源を枯渇させることなくモノが手に入る。お金を払ってモノを入手した場合も、プレゼントとしてモノを入手した場合も、モノの保有者になる。対象となる「モノ」を広く捉え、財やサービス以外に、場所・人・会社・イベントも含めても、何であれ「モノ」を保有するとそれに対して執着が生まれることがある。執着心が強くなると、執着の対象となるモノに対して、それを保有しなかった場合に比べて、実体よりも高い価値を見いだしてしまう。これは**保有効果**と呼ばれるバイアスである。保有効果があると、モノに対する保有権や執着（愛着）が大きな損失感を生まないように、非合理的な行動をとりがちである。

　経済学では通常、同一の財には同一の価値があると想定している。しかし、実際の人間は一度自分が保有したものについては、保有していないものと比べて高い価値を感じることがあるということが実験によって明らかにされている。こうした効果は保有効果（または賦存効果）と呼ばれる。現実の人間が保

有効果を持っているとすると、ある財を持っている状況とそれを持っていない状況において、その財についての評価が同一でなくなる可能性がある。

　これまでの話はモノを買うことを中心に展開してきたが、保有効果の場合は既にモノを持っているので、保有効果を理解するのには、モノを売ることを念頭に置いて考えた方が理解しやすい。買い手の立場から取引を考えると、支払許容額と価格の比較で購入するかどうかが決まるので、モノに対する買い手の評価（**支払許容額** Willingness to pay; **WtP**）が重要である。反対に売り手の立場から取引を考えると、モノに対する売り手の評価（**受取許容額** Willingness to accept; **WtA**）が重要である。

　保有効果によるモノの過大評価は、市場取引にも影響を及ぼす。通常、買い手と売り手の間に取引が成立するのは、買い手の支払許容額が売り手の受取許容額を上回っていることである。成立価格が支払許容額と受取許容額の間になると、互いに有益な取引が実現できる。しかし、保有効果にとらわれた売り手は、かなり高い受取許容額を提示する傾向があるために取引が成立しにくくなり、市場全体で得られた取引利益（社会厚生）も縮小してしまう。

　保有効果について包括的に実験を通して検証したのが、カーネマン、クネッチ（Jack Knetsch）およびセイラー[19]である。彼らは、学生をランダムに買い手と売り手という2つの被験者グループに分けたうえで、ある財の取引実験を行った。その財とは大学の売店で6ドルで販売されている大学のロゴマーク入りのマグカップである。

　売り手となった被験者グループにはそのマグカップが与えられ、買い手となったグループには何も与えられなかった。その後、売り手の被験者には、いくらもらえれば自分が持っているマグカップを手放してもよいかという、売ってもよいと思う額（WtA）を尋ねた。他方、買い手の被験者には、そのマグカップを手に入れるためにはいくらまで支払ってもよいかという、支払許容額（WtP）を尋ねた。4回の試行では、売ってもよいと思う額の中央値は5.25ドル、支払許容額の中央値は2.25〜2.75ドルであった。全く同じマグカップであるにもかかわらず、自分がそれを保有していればその財の価値を高く見積り、それを保有していなければその財の価値をそれほど高くは見積もらないという

保有効果が確認できる。

さらに、カーネマン、クネッチおよびセイラーは、別の試行において学生の被験者グループをランダムに3つに分けた。1つは売り手、1つは買い手、もう1つのグループは選び手である。前の実験と同じように、売り手にはマグカップを与えたうえでマグカップを売ってもよいと思う額を尋ね、買い手には何も与えずにマグカップへの支払い意欲額を尋ねた。一方、選び手となった被験者には、マグカップかお金かどちらかが与えられる場合に、マグカップをもらうのと同じ満足度を得るだけの金額はいくらであるかを尋ねた。売り手が示した、売ってもよい額の中央値は7.12ドル、買い手が示した支払許容額の中央値は2.87ドル、選び手が示した価格の中央値は3.12ドルであった。ここで注目すべきは、売り手の売ってもよい額と選び手が示した額の差である。選び手と売り手には、マグカップを家に持ち帰ってよい権利が与えられている。違うのは価格を宣言する時点でマグカップを実際に保有しているかしていないかの違いである。価格を宣言する時点でマグカップを保有している売り手の価格は、同時点でそれを保有していない選び手の価格の2倍以上である。この結果は、保有効果は財を保有する権利を有しているかどうかということではなく、物理的にその財を手にしているかどうかの違いによって生じることを示唆している。

保有効果が生じる原因として、第4章で説明した「損失回避」をあげることができる。損失回避とは、損失は利得よりも大きな心理的影響を与えるというものである。上のマグカップの例では、保有しているマグカップを失う損失が与える影響は大きく、それを補償するには多額を要求するのに対し、同じマグカップをもらう利得の心理的影響は小さく、したがって、それに払ってもよいと思われる額は小さいことになる。すなわち、この場合、売ってもよいと思う額（WtA）は支払許容額（WtP）を2倍以上上回ることになる（第4章で書いたように損失の影響は利得の影響の2倍以上であるので）。

商品だけではなく、モノを環境や生活水準までも広く捉えて、思考実験も含めた経済実験や実証データで明らかにされた保有効果の具体例をいくつか紹介しよう。

・長いレジの列に並んで自分の順番を待っている時に、たまたま開いた隣の

レジの列に運よく移ることができたが、たまたま得たその順番を他の誰にも譲りたくない心境[20]。
・不動産の投資家が提示する物件の販売価格の方が、不動産に入居しているオーナーが提示する同じ物件の販売価格よりも安い[21]。
・数年前に2000円で買った卓球ラケットがその後廃盤品となり、現在インターネットオークションでは10000円で売れそうだが、滅多に使わないのにそれを出品するのを渋る。
・長年愛乗してきたマイカーを安く売却するのに感じる抵抗感。
・隣に住んでいる少年に車を800円で洗うとオファーされたが、それを断り、自分で2時間もかけて洗う一方、隣に住んでいる少年の親の車を8000円支払うので洗ってほしいとオファーされた場合も、同じように断る。
・社会保障制度が充実している先進国の国民は、不況に陥り財政赤字が世界一多くても、何十年も豊かな消費生活に慣れてきたため、消費税増税など確固たる緊縮財政政策になかなか賛同しない（豊かな生活に慣れてきたが、借金漬けになってしまった個人も同様）。
・豊かな消費生活を可能にしてきた大量生産の仕組みが、地球環境に悪影響を及ぼすことが明らかになっても、より環境に優しいが高費用な新生産技術をなかなか採用しない。

6 機会費用

　メンタルアカウンティング・サンクコスト効果・保有効果、これらの3つの経済心理パターンは、経済学の根本的な概念である**機会費用**によって結ばれる。その理屈は、意外と簡単である。機会費用とは、ある行動をとった時に、その行動ゆえに断念せざるを得なかった代替的な行動（お金を支払うことや受け取るという行動を含む）の中で最も価値の高いものの価値のことである。お金のやり取りは非常に鮮明な出来事である。また、お金も含めて何か（愛車や恋人など）を失いそうという時も、その損失は頭の中に鮮明に浮かぶ。人は、

お金やはっきりとした損失には敏感である反面、代替的で潜在的な行動や用途は見落としがちである。特に金銭的な損失に着目してしまうと、代替的な行動から得られただろう利得、つまり機会費用を軽視してしまう。本章で紹介したお金に関する経済心理バイアスは、この機会費用とその重要性の軽視により引き起こされることを、ここで確認しよう。

　【支払方法】現金で支払う場合には、支払い前には、そのお金を別のモノにも使えたのに、一度支払ってしまうとその代替的なモノをこのお金で入手できなくなることが実感できる。したがって、機会費用が考えやすくなる。一方、クレジットカード支払いの場合はそうした実感は持ちにくく、機会費用を考えにくい。

　【メンタルアカウンティング】もともと予期していなかった商品や機会が目の前に現れたとしよう。それを手に入れるために、ある既存のメンタルアカウントからお金を引き出さないといけない。アカウントからのお金の引き出しという行為は金銭に関わっているので、そのアカウントにおいて損失として見出され、脳裏に鮮明に残る。それに対し、予期できなかった商品や機会から得られるだろう利得は鮮明には残らない。結果として、金銭的な損失を重視し、商品や機会を手に入れることにより発生する利益を放棄してしまう。

　【サンクコスト】ある行動をとるのに費やした資源が明らかな損失であるにもかかわらず、その行動を続けてしまう。その行動を諦め、資源を別の行動に利用すれば便益が得られる可能性があるのに、便益の機会が不鮮明であり、なおかつ便益が得られるかどうかがはっきりしないため諦められない。

　【保有効果】執着の対象となるモノを売却し、そこから得られたお金を代替的なモノに使えば満足が得られたのに、そのような機会費用（得られただろう利益）を十分に考慮せず、自分の保有物を手放したがらず現状維持してしまう。

　これらをまとめて言うと、お金に関する経済心理の中心にあるのは、お金に絡むことに対するわれわれの態度の非整合性である。目前の支出——「今支払わないといけない費用」——を重要視し過ぎていて、潜在的な可能性として有益な結果——「もしもこの行動をとれば出現する機会」——には、ほとんど価値を見出していないのである。

7 「無料（フリー）」の価格の経済心理

　最近お金を払わなくてもタダで入手できるモノやサービスが急増している。本節では、「無料」が意味するところを経済心理学の知見を用いて探ろう。

　商品の「無料サンプル」や体験型グッズの「無料体験」は、マーケティングの一方法である。売り手は顧客に商品を最初に無料で試してもらい、次に実際にお金を出して商品を買ってくれるのを狙っている。また、医療や教育サービスはその場でお金を出さなくても利用できる場合は多いけれども、支払わなかった分は国民の税金を財源として賄われているため、本質的には無料ではない。一方、スマートフォンのアプリやパソコンのソフト、あるいは音楽のオンライン無料配信などインターネットの普及に伴う実体のない（無体の）モノは、完全に無料なものだと認識されることが多い。これらに注目して議論を展開する。「**無料**」**の心理**を理解すれば、その経済学的なロジックを解き明かすのは簡単である。

　では、「無料」の心理的な効果を確認しよう。モノやサービスを無料で手に入れる、という取引は心理的に極めて魅力のある取引である。それには2つの理由があるが、どれもすでに本章で説明したものである。

　1つ目の理由は、お金を払う苦痛が発生しないからである。行動経済学者アリエリーは、お金を払うことなくモノを手に入れることの心理的なインパクトの大きさを実験で示した。実験の内容は、2つの簡単な選択問題である。1つ目の選択問題では、2種類のチョコレートのうち、25セントでチョコレートトリュフ1個を買うか1セントで普通のブロックチョコレート1個（小さい1個、ブロック全部ではない）を買うか、という2択問題であった。被験者の多くは、25セントでトリュフを買った。2つ目の選択問題はほぼ同じであったが、両方のチョコレートの価格が1セントずつ下げられた。すると、ほとんどの被験者が無料となった普通のチョコレート1個の方を選んだ。1セントという些細な金額を払わないといけないならば選ばないのに、無料であれば躊躇なく手を伸ばすというわけだ。

2つ目の理由は、前節で説明した機会費用の軽視である。「無料」に魅了されるのは、タダでモノを入手できてしまうと、お金のことしか考えられなくなる傾向が強くなるからである。ところが、「お金を出さなくてよいからと言って費用がないとは限らない」というのが機会費用の大原則である。無料アプリを例にとって説明しよう。まず、アプリをダウンロードして使うには、時間と手間という機会費用がかかる。それに加えて、それほど明らかではないかもしれないが、ダウンロードしたアプリと代替的な別のアプリをダウンロードすることを断念したという機会費用もかかる。別の観点から言うと、ある特定の活動（例えば、アプリをダウンロードして試す）に注意を注ぐことで、別の活動（例えば、ダウンロードしたアプリと競い合っている別のアプリをダウンロードして試す）に注ぐことができた注意の「力」を減らしてしまう。人間の注意力（アテンション）は枯渇するものであるが、これらの機会費用は、無料でモノを手に入れるというかなり割の良い取引の場にいる買い手の頭にはなかなか浮かばないだろう。

　これからは、取引の反対側に立っている無料でモノを供給する売り手の経済行動を見極めよう。そこには、「無料」の経済学的な意義を理解するためのカギがある。

　通常の実体のある（有体な）商品の市場では、財を生産し消費者に供給する売り手のインセンティブは、もちろん利益である。価格に等しい限界収入が商品を生産するのに必要な限界費用を上回るならば、正の利益をあげられる。競争が厳しい市場ほど、生産者の経済的利益はゼロに近づく。なぜなら、完全競争市場では財の市場価格が財の限界費用に収束するからである。市場でのインターネット上で無体なデジタル・コンテンツの供給者は、極めて厳しい競争にさらされている。もっとも、競争の厳しさは有体の財の市場にもよくある特徴である。ところが、デジタル・コンテンツという無体の財には、有体な（物理的な）商品に比べて決定的な違いを生む特徴がある。それは、限界費用の安さである。オンラインでアプリや音楽などデジタル・コンテンツを供給するのに必要な限界費用には、(1) 保存料、(2) 通信料、(3) プロセッサー容量、という3種類のコストがある。これらのコストは、ムーアの法則で予測されている

（一定の費用に相当するプロセッサーの速度が2年ごとに2倍になる）ペースよりも早く激減している。そのため、デジタル・コンテンツを供給するために必要な限界費用はゼロに近づいている。競争市場における財の限界費用がゼロであれば、その財の価格もゼロでなければならない。

　デジタル・コンテンツの価格が無料であり得るのは上記のような理由からだが、それでは、アプリやデジタル音楽など、インターネットを通じて無体の商品を無料で供給する売り手のインセンティブはどこにあるだろうか。答えは経済学のすべてにとって基盤となる**希少性**の概念にある。希少性を端的にまとめると、「希少なものほど価値が高い」というふうに言える。無料の価格の経済学を理解するために、希少性の概念を以下の3つの資源に適用してから、一貫した議論に統合する。

　希少性その1：情報とエンターテインメントの希少性
　20世紀初頭、最新のニュースを手にいれたり、映画を観たり、音楽を聴くにはかなりの経費が必要であった。それらは、今時のように、どこにいても手元にあるようなものではなかった。情報やエンターテインメントは、希少性の高いものから、どこにでもあるほとんど価値のないものへと変わってきたのである。

　希少性その2：時間と注意力の希少性
　同じく20世紀初頭、当時の先進国で暮らしていた人々は、現在の多忙過労の人間に比べて余暇が多い一方で、自由な時間の過ごし方にあまり選択肢がなかったと言える。現代では、気が散るものを排除するのに苦労するほどの情報化社会になった。われわれにとっては、時間は言うまでもなく、集中力も非常に希少な資源になってきた。

　希少性その3：消費財の希少性
　現代の先進国に生活する消費者にとって、家電製品や洋服、多様な食料品などの生活必需品が安価で容易に手に入ることはごく普通のことである。そのた

め標準的な一般消費財は、その希少性もその価値も低くなっている。その反面、希少性が割と高くみなされるのは、標準版に比べて多少オリジナリティのある「限定版」や「プレミアム版」等々、というような相対的に手に入りにくい商品や贅沢品である。

　上記3つの希少性の関係は、無料の価格が普及してきた理由につながってくる。あるものが希少でなくなったら、その価値が下がり、新たに希少になったものの価値が高くなるのである。歴史的には、もともと希少であった情報やエンターテインメントから、人々の余暇と注意力や集中力といったものに、価値が移行してきた。消費財の大量生産の拡大に伴って価値が移行している。誰もが入手できる標準的なモノの価値が薄まっていく一方、商品のプレミアム版や贅沢財とみなされる希少性の高い消費財の価値がより高く評価されるようになってきている。

　無料で無体なモノを供給している売り手の戦略の本質は、激しい競争市場で巧みに希少性を利用することにある。その戦略のコツを以下に羅列する。

- 消費者の希少な注意を引くこと、という最重要課題に取り組む。
- 人々が「無料」に惹かれるため、財の標準版は無料で提供する。
- 財の有料で希少な「限定版」や「プレミアム版」も生産し、それをマーケティングする。
- 限界費用がほぼゼロ（＝希少価値はほぼゼロ）の技術を利用し、財の標準版を無料配信し、生産するすべてのモノの市場規模を拡大させる。
- 市場の規模が十分に大きければ、ほとんどの顧客が無料の標準版しか利用しなくても、多くの顧客が希少な「限定版」や「プレミアム版」を買ってくれる。
- 消費者心理を上手く利用し、プレミアムコンテンツを買わせる。例えば、ゲームアプリの標準版だけを無料で提供するが、人々の好奇心や不注意を利用して有料アップグレードさせる。

　このように、売り手は、速いペースで進化しつつある情報化市場に適合し、自然淘汰を通じた非常に遅いペースでしか進化しない消費者の心理を利用し、

利益を得ている。

練習問題

❶ 財やサービスへの購入意欲と支払方法の関係について、支払いの実感度の概念を用いて説明せよ。
❷ メンタルアカウンティングを構成している2つの要素とは、どんなものか。
❸ プロスペクト理論を用いて、ハウスマネー効果を説明せよ。
❹ 自分の経済行動からサンクコスト効果の事例を挙げよ。
❺ 保有効果の例をいくつか挙げよ。

[注]

1 フランス人の経済学者 Jean-Baptiste Say (1767-1832) による。
2 Vohs, K., N. Mead, and M. Goode (2006) "The Psychological Consequences of Money", *Science*, 314 (5802), 1154-1156.
3 経済実験:Thomas, M., K. Desai, and S. Seenivasan (2011) "How Credit Card Payments Increase Unhealthy Food Purchases: Visceral Regulation of Vices", *Journal of Consumer Research*, 38 (1), 126-139; Raghubir, P. and J. Srivastava (2009) "The Denomination Effect", *Journal of Consumer Research*, 36 (4), 701-713; Monger, J. and R. Feinberg (1997) "Mode of Payment and Formation of Reference Prices", *Pricing Strategy and Practice*, 5 (4), 142-147; Prelec, D. and D. Simester (2001) "Always Leave Home without It: A Further Investigation of the Credit-card Effect on Willingness to Pay", *Marketing Letters*, 12 (1), 5-12. 実証分析: Hirschman, E. (1979) "Differences in Consumer Purchase Behavior by Credit Card Payment System", *Journal of Consumer Research*, 6 (1), 58-66.
4 Soman, D. (2003) "The Effect of Payment Transparency on Consumption: Quasi-experiments from the Field", *Marketing Letters*, 14 (3), 173-183.
5 Inman, J., R. Winer, and R. Ferraro (2009) "The Interplay among Category Characteristics, Customer Characteristics, and Customer Activities on In-store Decision Making", *Journal of Marketing*, 73, 19-29.
6 Tessari, T., E. Rubaltelli, S. Tomelleri, C. Zorzi, D. Pietroni, C. Levorato, and R. Rumiati (2011) "€1 ≠ €1: Coins versus Banknotes and People's Spending Behaviour", *European Psychologist*, 16 (3), 238-246.
7 最初は Thaler, R. (1980) "Toward a Positive Theory of Consumer Choice", *Journal of Econom-*

  ic Behavior and Organization, 1, 39-60, による提唱。
8 Thaler, R. (1999) "Mental Accounting Matters", *Journal of Behavioral Decision Making*, 12, 183-206; Thaler, R. (1985) "Mental Accounting and Consumer Choice", *Marketing Science*, 4 (3), 199-214.
9 Heath, C. and J. Soll (1996) "Mental Budgeting and Consumer Decisions", *Journal of Consumer Research*, 23 (1), 40-52.
10 Warneryd, K-E. (1999) *The Psychology of Saving: A Study on Economic Psychology*, Cheltenham: Edward Elgar.
11 Camerer, C., L. Babcock, G. Loewenstein, and R. Thaler (1997) "Labor Supply of New York City Cabdrivers: One Day at a Time", *The Quarterly Journal of Economics*, 112(2), 407-441.
12 Thaler, R. and E. Johnson (1990) "Gambling with the House Money and Trying to Break Even the Effects of Prior Outcomes on Risky Choice", *Management Science*, 36(6), 643-660.
13 Arkes, H., C. Joyner, M. Pezzo, J. Nash, K. Siegel-Jacobs, and E. Stone (1994) "The Psychology of Windfall Gains", *Organizational Behavior and Human Decision Processes*, 59(3), 331-347.
14 Peng, J., D. Miao and W. Xiao (2013) "Why Are Gainers More Risk Seeking", *Judgment and Decision Making*, 8(2), 150-160.
15 Tversky, A. and D. Kahneman (1981) "The Framing of Decisions and the Psychology of Choice", *Science*, 211(4481), 453-458.
16 Heath, C. (1995) "Escalation and De-escalation of Commitment in Response to Sunk Costs: The Role of Budgeting in Mental Accounting", *Organizational Behavior and Human Decision Processes*, 62, 38-54.
17 Soman, D. (2001) "The Mental Accounting of Sunk Time Costs: Why Time Is Not Like Money", *Journal of Behavioral Decision Making*, 14(3), 169-185.
18 Arkes, H. and C. Blumer (1985) "The Psychology of Sunk-cost", *Organizational Behavior and Human Decision Processes*, 35, 124-140.
19 Kahneman, D., J. L. Knetsch, and R. H. Thaler (1990) "Experimental Tests of the Endowment Effect and the Coase Theorem", *Journal of Political Economy*, 98(6), 1325-1348.
20 Haji, A. and S. Onderstal (2015) "Trading Places: An Experimental Comparison of Reallocation Mechanisms for Priority Queuing", Tinbergen Institute Discussion Paper, 15-063/VII.
21 Genesove, D. and C. Mayer (2001) "Loss Aversion and Seller Behavior: Evidence from the Housing Market", *The Quarterly Journal of Economics*, 116(4), 1233-1260.

第7章

行動ファイナンス

本章のポイント

- ☑ ファイナンスの主流な理論として、効率的市場仮説が提唱されている。
- ☑ 効率的市場仮説が正しければ、株式を含む資産の市場価格は、その資産に関して得られるすべての情報を反映しており、その資産の真の経済的な価値に等しい。
- ☑ 投資家は完全に合理的な人間ではないし、また株式市場が完全に摩擦のない市場でもないため、株価がその真の価値から乖離することがよくある。
- ☑ 投資家心理は、思考エラー・選好・感情・社会心理、という4つのカテゴリーに分類される。
- ☑ 投資家心理を用いる行動ファイナンス研究には、効率的市場仮説に反するアノマリーを説明できるものが存在する。

1 現代ファイナンス理論の概要

　現代のファイナンスの研究は、効率的市場仮説およびそれに密接に関わっている株価の決定プロセスを中心に行われている。理論研究の多くにおいて、株価がどのように決定されるかという問題が重視され、数理的な理論モデルを構築する中で、株式市場は効率的であるという前提が置かれている。**効率的市場仮説**が成立するのには、経済主体の合理性と摩擦のない市場という2つの仮定

が必要不可欠である。行動経済学の応用分野である行動ファイナンスは、これら2つの仮定を緩め、人間行動が心理的な要因により左右される可能性を考慮に入れて、家計（個人投資家）および企業（株式会社）の金融に関わる意思決定とこれらの金融市場への影響を分析する。本章では、主に投資家の心理に重点を置いて、心理的な要因が投資行動と株価へどのように影響を及ぼすのか、その結果、市場の効率性にどのような影響を与えるのかを説明する。

効率的市場仮説

株式売買で金を儲けようとしている人は多い。株価が値上がりする前に株式を買い、その後、その株式の価格が値下がりする直前に売却すれば、儲けることができるはずである。このように株売買で儲けるためには、株価の値上がりと値下がりするタイミングを予測できることが重要である。ただし、現代ファイナンス研究において、株価の動きは予測不可能である、という主張が中心的な役割を果たしており、これは効率的市場仮説と呼ばれる。効率的市場仮説は以下のように記述される。

・**効率的市場仮説**：株式の価格は、その株式に関して得られるすべての情報を反映している。

これは、株式の発行企業に関連するあらゆる情報が市場参加者に瞬時に正しく解釈され、株式価格に織り込まれるということである。その時の株価が既にその株式に関連するすべての情報を正しく反映しているのならば、その情報からは、その株価が正しいということしかわからず、その後、株価が値上がりするか値下がりするかを判断するのには役立たない。次の情報が流入すると、そ

図表7-1　情報と株価のランダムウォーク

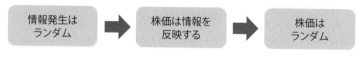

れに応じて株価は変化するが、それが瞬時に起きるために、その情報を利用して儲けることができない。情報の発生がランダムであれば、株価の動きはランダムになる。この時、株価は全く予測不可能になり、株式売買で儲けることはできない。

　効率的市場仮説を定義する「得られるすべての情報」とはなんだろうか。株式の購入を検討している個人投資家が得られる情報は、当該企業の経営責任者の得る情報とは当然異なる。個人投資家がたとえ数年かけて企業を徹底的に調査した情報でも、企業の関係者や経営上層部が持つ内部事情も含めた情報に匹敵することはない。このことにより、「得られるすべての情報」の範囲によって、効率的市場仮説を次のように3つのバージョンに分けることが通例である。

・**弱度の効率的市場仮説**：過去の市場取引すべてのデータは現在の価格に反映されている。

　弱度の効率的市場仮説の意味は、過去の株価推移や売買高などといった過去の取引データをいくら詳しく調査しても、将来の株価の動きを予測し売買のタイミングを調整して儲けることは不可能であるというものである。弱度の効率性は株価のデータから将来の株価を予測できないということであるから、株価が**ランダムウォーク**する（株価がランダムに動く）と言い換えてもよい。

・**準強度の効率的市場仮説**：すべての入手可能な公開情報は現在の価格に反映されている。

　ここでの公開情報とは、企業側から定期的に発表される四半期営業報告書および財務諸表勘定に関連する情報や、マスメディアに報道される企業に関わるニュースなどのように、広く世間に公開されていて、容易に、そして比較的安価に入手しうる情報のことを指す。このような公開情報を元に株売買して儲けようとしても利益が期待できない、というのが、準強度の効率的市場仮説である。なぜなら、市場参加者は企業から公開された情報を瞬時に用いて株式を取引するので、その株価は既に公開情報が織り込まれている状態にある。準強度の効率性を検定する標準的な方法は、**イベントスタディ**と呼ばれるものであ

図表7-2　3つの効率的市場仮説の情報

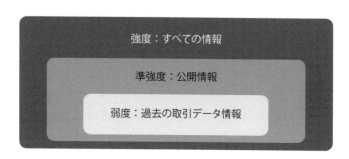

る。イベントとは事件という意味であるが、ここでは、ある情報が公開されることを意味する。例えば、企業業績の公表がこれにあたる。この企業業績が予想を上回るものであった時、発表直後に株価が上昇し、すぐに一定になるのであれば、準強度の効率的市場仮説が成立していると考えられる。

・**強度の効率的市場仮説：私的情報を含め、すべての情報は現在の価格に反映されている。**

　強度の効率的市場仮説を理解するために、次のような場面を想像してみよう。企業の四半期報告書が発表される前日、あなたはその企業の社長とランチをすることになった。社長から聞いた内緒の話によると、企業の当期の業績が予想以上に悪く、もしあなたがその企業の株式を保有しているならば、悪業績が公開される前にその株を売却した方がいいということであった。悪業績が発表されれば株価が下落するだろうから、その前に売却（或いは空売り）すれば損失を避ける（利益を確保する）ことができる、と考えるのが普通だろう。しかし、強度の効率的市場仮説が成立するならば、業績公開前にあなたが株を売却（或いは空売り）したとしても損失を避ける（利益を確保する）ことはできない。なぜなら、社長から内緒に教えてもらった悪業績に関する内部情報が、株価には既に反映されているからである。

　もしも、強度の効率的市場仮説が正しいならば、株式市場の存在意義がなくなる。これは、価格は常に適正なので、株取引を行うインセンティブがなくな

るからである。したがって、強度の効率的市場仮説が成立しているとは考えにくい。弱度や準強度の仮説の方が、成立している可能性が高い。実際、実証研究によると、株価はほぼランダムウォークすることが多い。したがって、弱度の効率性はだいたいにおいて成立していることが多いと考えられる。株価のイベントスタディでは、情報公表日に株価がジャンプすることが多いが、その前後でも変化していることが多い。したがって、準強度の効率性は厳密には成立しているとは言えなさそうである。

効率的市場仮説の主張を簡潔にまとめると、株式を含む土地や債券などあらゆる資産の市場価格は、常に、その資産の真の経済的な価値に等しい、ということである。価格が価値から乖離するのは好ましくないので、効率的市場仮説がどの程度成立するかという問題は、市場がどの程度円滑に機能しているのかという重大な問題である。

効率的市場仮説が成立する範囲も、重要である。市場は個別銘柄というミクロなレベルで効率的であるのか、それとも株式指数に反映される市場全体のマクロなレベルで効率的であるのかによって、その意味は大きく違うだろう。例えば、ケインズ理論によると、スタンダードな競争市場の分析は、ミクロ的にしか適用できない。したがって、競争市場の分析を金融市場の効率性に適用すれば、金融市場はミクロ（個別銘柄）では効率的であるかもしれないが、マクロ的には非効率的であるため金融市場全体は必ずしも実体経済の実情を正確に反映していない。著名な経済学者ポール・サムエルソンも、金融市場はミクロなレベルで効率的であるが、マクロなレベルで非効率的であると主張[1]しており、その主張は実証研究により確証されている[2]。個別銘柄における非効率性（株価の歪み）は、発見されれば、魅力的な儲けの機会であるため直ぐに修正されるはずである一方、市場全体を反映する株式指数の値はその真の価値から離れたと判断したとしても、小口の投資家の行動が市場全体に影響を与えられることはないだろう。

このように、もし金融市場がマクロ的に非効率的であるならば、経済全体に及ぶバブル現象などが発生する可能性もあるし、金融市場を安定させる政策も必要とされるだろう。逆に、もし、金融市場がマクロ的にも効率的であるなら

ば、バブルが起きる余地はないし、金融政策も有効ではない（金融政策によって改善される余地がない）。効率的市場仮説がミクロ的のみならずマクロ的にも正しければ、中央銀行など当局による金融市場への介入は不要である。実際、1970年代以降[3] 金融市場は効率的であると一般的に信じられるようになり、その結果、金融規制撤廃の動きが次第に強まり、全面的な金融自由化と金融業界の急拡大が進んできた。

　サムエルソン教授らは効率的市場仮説がミクロなレベルで成立すると主張したが、その後の多くの実証研究によると、銘柄レベルでも市場が非効率的になることがよく観察されている。株価の決定理論として、**資本資産価格モデル（CAPM）**が提唱され、その後、その拡張版や代替理論も提案されたが、その理論を用いると、株価が株式の真の価値から離れることは、特に小型株（小規模の企業の株式）によく見られることがわかっている。これは、下記に説明する「裁定」の限界によるものであると考えられる。

　効率的市場仮説は伝統的な経済学に基づく考え方であり、株式の価格は主に当該企業の将来の業績の見通しを反映して決まり、市場関係者や投資家の心理的な要因などとは無関係である、と考える。たとえ、心理や感情で動かされる投資家がいたとしても、摩擦のない効率的金融市場では、それらの投資家の売買は裁定取引により直ちに相殺され、資産価格に影響を及ぼすことはない。「裁定」は金融経済学では中心的な役割を果たす重要な概念であるため、簡潔に解説しよう。

裁定取引

　裁定取引とは、同一資産が異なる市場で異なる価格で取引されている場合、相対的に安い価格で取引されている市場で資産を買って、相対的に高い価格で取引されている別の市場で売り、価格の差から利益をあげる取引のことである。

　例えば、X社の株式が、東京証券取引所では4000円で取引されていると同時に、ニューヨーク証券取引所では4040円で取引されているとしよう。取引費用を無視できるのであれば、東京でX社の株式をたくさん買った直後にこれらの

株式をニューヨークで売却すれば、簡単でしかもリスクを持つことなく、1株あたり40円の利益をあげられる。東京の市場とニューヨークの市場との株価の間に差がある限り、このような裁定取引を通じて利益をあげようとする人は必ず現れる。もちろん、彼らの取引行動による株価の間の差がゼロとなり、裁定の機会が直ぐになくなるのは普通である。

　さらに重要な裁定取引の種類に、株価がその真の価値（いわゆる「**ファンダメンタル価値**」＝将来の利益の割引現在価値）から乖離した場合がある。数値例をあげよう。ファンダメンタル価値を反映する株価が1万円であった時、悲観的になった投資家の株売りにより株価が9000円にまで下がったとしよう。裁定者は現在の9000円という株価は、ファンダメンタル価値の基準から判断すると割安だとわかっているので、直ぐに株を買いかつ株価が1万円より安く買える限り株を買い続け、株価がファンダメンタル価値の基準に合うと判断される水準までに戻った時点で株を売却し、利得を実現させる。このような状況も裁定の機会になるが、下記に説明するように、これが必ずしも簡単で無リスクな儲けの機会であるとは限らない。

　株式市場が効率的な市場であれば、裁定取引の機会は存在しない。その理由は、投資家全員が合理的な人でなおかつ株式市場に摩擦がなければ、株価は常に企業の真の価値を反映しているからである。行動ファイナンスの主張は、(1) 投資家は完全に合理的な人間ではないし、また (2) 株式市場が完全に摩擦のない市場でもないため[4]、株価の歪みが裁定取引によって修正されず、株価がファンダメンタル価値から乖離することがよくある、ということである。

　実は、非合理的な投資家が存在したとしても、上記の2つ目の「摩擦のない市場」という条件が成立するならば、株式市場は効率的になるという考え方もある。もし株価が、非合理的な投資家達の取引、例えば感情の変化で悲観的になったため多くの株を売却したなどといったことによりファンダメンタル価値から離れたら、この状態は裁定取引の機会——つまりリスクやコストをかけず利益をあげる機会——であるため、合理的な投資家達が直ちにその機会を利用する。裁定取引の機会を利用して利益をあげようという人は「裁定者」と呼ばれ、株価のファンダメンタル価値に関わる情報との無関係な動機（心理的な理

由など）により株売買する非合理的な投資家は「**ノイズトレーダー**」と呼ばれる。この裁定者の取引により、価格の歪みが修正されるため、株価はファンダメンタル価値に直ぐに戻る。

「摩擦のない」という市場は、裁定者が直ちにリスクもコストもかけることなく、裁定取引の機会を利用できる市場のことであるが、現実の株式市場は必ずしもこのような「スムーズ」で摩擦のない市場ではないというのが、行動ファイナンスの主張である。具体的には、裁定取引には2種類のリスクと様々なコストがあるため、裁定には限界があり、価格の歪みが修正されずに、ファンダメンタル価値を表す水準からの乖離が長引くことがある。よって、株式市場が非効率的な状態にあることは十分に可能であると考えられる。

ここでいう2種類のリスクとは、ファンダメンタルリスクとノイズトレーダーリスクである。ファンダメンタルリスクとは、企業の実績やパフォーマンスを本当に左右し得る情報（「ファンダメンタル情報」）が発生する可能性のことをいう。例えば、上記の数値例では、ノイズトレーダーの取引により値下がりしていた株に対して悪いニュースが発表された場合、株価がさらに一層値下がりする、というリスクがファンダメンタルリスクである。金融市場では、裁定者達がファンダメンタルリスクに対して**ヘッジ**（株価の相関性が高く、同一産業の他の企業の株を空売りすること）するという対策処置をとるが、現実的には完全にファンダメンタルリスクを無くすことはできない（その産業全体に関連する悪いニュースが発生する可能性に対する防御策にはなるが、当該企業だけに関連する悪いニュースが発生する可能性に対しては防御策にはならない）。

ノイズトレーダーリスクとは、裁定取引に利用しようとしている株価の歪みが非合理的なノイズトレーダーの株取引によりさらに悪化する可能性のことを言う。上記の数値例では、9000円まで値下がりした株価は、非合理的な投資家達が一層悲観的になれば、株価がさらに値下がりする可能性がある。このような株価の動きは、通常、短期的な状況であるので、裁定者はじっと待っていればよいのであるが、顧客のお金を運用して裁定をする者（現実にはそういうことが多い）にとっては危うい状況である。なぜなら、株価がどんどん値下がり

していることに気付いた裁定資金の提供者が、唐突に資金を引き揚げる可能性があるからである。そうなると、裁定者は裁定取引を行おうとしている途中で、株価がファンダメンタル水準の値を取り戻す前に株を安く売却せざるを得なくなってしまう。このような危険性を認識している裁定者はそもそも積極的に裁定取引に取り組まないため、株価の歪みは直ぐに修正されないと考えられる。

この2種類のリスクに加えて、裁定の限界には様々な実行コストが存在する。実行コストのいくつかの例を挙げると、手数料などといった明示的な取引費用や、空売り制限や、裁定取引の機会の探索やその実行に関わる時間などの機会費用など、様々な妨害と制限がある。

効率的市場仮説と裁定の限界が、現実のファイナンス業界および個人の投資行動にどんな意味合いを持つのかを考えよう。ここで言う「ファイナンス業界」とは、主にプロの投資家、つまり投資ファンドと金融アナリストや金融アドバイザーといった専門職のことで、個人投資家のお金を預かりそれを様々な金融商品に運用する、もしくは個人投資家の顧客に投資に関する助言や情報を提供するコンサルタントのような職を言う。このファイナンス業界のグローバル経済での取り扱い金額は非常に大きいので、その有用性と役割を理解することは大事な課題である。

まず、上述のように、市場の規模によってその市場の効率性が大きく異なることが観察されている。米国や日本のような先進国の株式市場は、上場企業が守らなければならない情報開示ルールが厳しいため、比較的に効率性が高いと思われている。逆に、新興国の株式市場は、比較的に未熟であるため効率性が相対的に低く評価されている。同様に、ある株式市場に上場されている株式の中では、大企業の株式に関しては情報が多いため効率性が高く、逆に中小企業やアナリストにあまり取り上げられないような株式の効率性は相対的に低い。

効率的市場仮説の考え方が1970年代頃から注目を集め始めるまでは、世の中に存在していた投資ファンドは**アクティブ運用**型の投資ファンドであった。アクティブ運用型の投資ファンドの特徴は、積極的に独自の銘柄選択戦略を展開し、市場の株価指数より高い収益率をあげようとして、頻繁に株取引を行う

ことである。その結果、手数料も高くつく。しかし、準強度の効率的市場仮説がすべての金融市場で成立するのであれば、アクティブ運用型の投資ファンドの存在意義そのものが問われる。逆に、世の中に弱度の意味で効率的市場や全く非効率的な市場しかなければ、アクティブ運用型の投資ファンドは非常に需要のあるサービスを提供していると言える。

　アクティブ運用型の投資ファンドの逆は、**パッシブ運用**型の投資ファンドである。その代表的な例には、株式市場の株価指数の構成銘柄や（以下で説明する）**市場ポートフォリオ**の構成銘柄を単に複製している指数（インデックス）ファンドである。要するに、パッシブ運用の投資方法とは、割安や割高の株を積極的に探ることをせず、多数の株式・債券・為替等々に、多角的に様々な資産を同時投資することである。アクティブ運用型の投資ファンドに比べてこのようなパッシブ運用は非常に簡単であるため、手数料も安くつく。投資の対象となる市場が準強度（あるいは強度）の意味で効率的市場であれば、パッシブ運用以外の投資戦略には意味がない。

　パッシブ運用型の投資ファンドも、そもそも不要であるという人もいる。準強度の効率性が成立すれば、銘柄選択は重要ではなく、次項で述べるように、いろいろな銘柄に**分散投資**をすることだけを心がければ十分だというわけである。しかし、それはそうでもない。個人投資家によって、年齢やリスク選好や経済状況など相違点が多く、いろいろなプロフィール（性格や属性）の人がいる。例えば、リスク回避的な人は、安全資産の比率を多くすることを好むだろう。適切なパッシブ運用型の投資戦略が投資家のプロフィールによって異なるため、パッシブ運用型の投資ファンドが提供するサービスが不要だとは確言できない。

分散投資

　合理的な投資家は、自らの目標やニーズを満たす株式を含む資産のポートフォリオを組む。ここで言う「ニーズ」をある形に特定化すると、非常に綺麗で明確なポートフォリオ選択モデルを導くことができる。これは、「**平均・分散効率的ポートフォリオ**」と呼ばれ、現代ファイナンスにおける個人投資家の

とるべき投資戦略を、簡単なモデルで特徴づけている。モデルの中心となる仮定は、様々なポートフォリオを評価する時、それらの期待収益率とその分散という2つの数値の大きさに応じてポートフォリオを順位化するものである。期待収益率が高いほど順位が高く、分散が低いほど順位が高い、という基準である。「リターンが好き、リスクが嫌い」と理解すればよい。

今、あるポートフォリオ（保有しているいろいろな株式のあつまり）を持っているとしよう。投資対象となる多くの資産のうち、その価格が保有しているポートフォリオの価格と逆方向に動く資産（あるいは同方向に動く場合でもその程度が小さい資産）をそのポートフォリオに加えることで、ポートフォリオ全体のリスクが低下する。このことを、分散投資がリスクを減らす、という。ポートフォリオごとに、そのリターン（期待収益率）とリスクが決まっているが、リスクをある値にした時、達成できるリターンの大きさには限界がある。これは、ポートフォリオの分散を大きくせずに、期待収益率を高めることは不可能であるという意味で効率的なポートフォリオであり、「平均・分散効率的ポートフォリオ」と呼ばれる。効率的ポートフォリオは、分散の値に応じて存在するが、合理的な投資家は、それらのうちから、自分のリスク・リターン選好に合う最適なポートフォリオを選ぶ。

存在する資産がすべてリスクのある資産である場合は、リスク選好が異なる投資家は異なった平均・分散効率的ポートフォリオを選ぶことになる。しかし、安全資産が存在する場合は、すべての投資家が（リスク資産だけで構成される）同じ平均・分散効率的ポートフォリオを選ぶことになる。つまり、個人のリスク選好と関係なく合理的な投資家全員の選択が同じ平均・分散効率的ポートフォリオを持つのである。このポートフォリオは、存在するすべてのリスクのある資産が含まれた、最適に分散化された「市場ポートフォリオ」である。そして、所有する安全資産と市場ポートフォリオへの投資比率だけが、個人のリスク選好に依存する。この結果は「**分離定理**」と呼ばれている。

分離定理は金融経済学の主要な貢献であり、規範的経済学理論として非常に重要な結果ではあるが、個人投資家は経済理論通りに全員同じ市場ポートフォリオを持つものではない。分離定理は、結局、現実に合わない理論的な予測に

すぎない。

2 現実の金融市場と効率的市場仮説の反証

　1950年代から1970年代当時の経済学の研究手法は、純粋に理論科学と見なされ、経済実験どころか現実市場の統計的分析も軽視されていた。しかし、ゆっくりと着実なペースで考え方は変わり、次第に実証科学的な分析の重要性が認められるようになってきた。ファイナンスの分野では、1950年代や60年代には、弱度の効率性を支持する研究が多かった[5]が、次第に、現実のデータには効率的市場仮説に対するアノマリー（反証）が含まれることがわかってきた。この節では、このアノマリーの最も重要なものを3つだけ端的に紹介する。

株式プレミアム

　株式プレミアムとは、（日経平均のような）株価指数で表される株式市場全体の期待収益率と、債券などで構成される安全資産ポートフォリオの収益率との差である（安全資産とは、リスクがゼロの資産であるが、厳密にリスクがゼロの資産は存在しない。実証分析においては、リスクが小さい国債などを安全資産とみなして分析する）。期待収益率は観察不可能であるため、過去データを用いて株式プレミアムを計測する。米国の株式市場（1889年〜1978年）における株式プレミアムは実質（物価上昇率を差し引いて調整したもの）6％であった。一方、合理的な投資家を仮定する理論モデルの多くは、株式プレミアムは1〜2％ほどであると推定する[6]。したがって、効率的市場仮説を仮定している金融市場の理論モデルは、現実の株式プレミアムの大きさを説明できない。これは株式プレミアムパズルと呼ばれるアノマリーである。

株式価格の過剰変動性

　株価は、遠い将来まで期待できる配当の**割引現在価値**である、と考えられる。なぜなら、株価はその株式を獲得するための費用である一方、その株式を

図表7-3　株式プレミアム

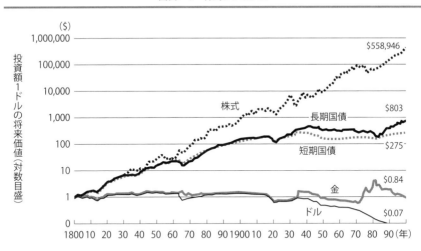

（出所）Siegel, Jeremy, *Stocks for the Long Run,* 2nd ed., McGraw-Hill, 1998.

保有することによって得られる利益は、将来にわたって受け取る配当の合計額であるからである。割引現在価値というのは、将来の利益は現在ではより小さく割り引いて評価されるからである（1年後1万円受け取るのと、今9000円受け取る嬉しさが同じ。第3章参照）。シラー[7]は過去の長期間の株価データおよび配当データを集め、配当データをもとに「事後合理的な株価」（事実上、何十年という長期にわたる配当の移動平均）を計算し、株価と配当両方の変動幅を分析した。現実の株式市場での株価が正確に（将来の配当に対する）情報を反映しているならば、即ち効率的市場仮説が成立しているならば、その変動幅がデータによって導かれた事後合理的な株価の変動幅を超えることはない。シラーの実証結果は、現実市場の株価（図表7-4では実線）は実体経済の動向を示す配当プロセス（図表7-4では点線）より大幅な変動性を示すことを表している。図表7-4を見てわかるように、株価と実体経済との乖離は10年ほどの長期間にわたって続くことが珍しくない。シラーの研究は、市場全体に及ぶマクロの効率的市場仮説に対する強力な反証である。

図表7-4 株価の過剰変動性

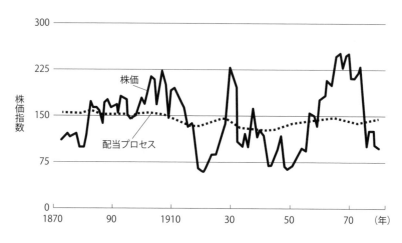

（出所）Shiller, R. (1981) "Do Stock Prices Move Too Much to be Justified by Subsequent Changes in Dividends?", *The American Economic Review*, 71(3), 421-436, Fig. 1.

バブルとその崩壊

　先に示したように、株価は企業の将来の業績予測や現在の業績に対応する水準（ファンダメンタル価値）から乖離することがよくある。こういう状態を**投機バブル**と呼ぶが、従来のファイナンス理論（特に効率的市場仮説）が正しければ、バブルが発生することはないはずである。

　バブルのメカニズムをもう少し詳しく説明しよう。何らかの事情で、株価がファンダメンタル価値を超えて、継続的に上昇を続けると、来期も、あるいはしばらくは、あるいはずっと、株価は上昇し続けると考える人が出てくる。これらの人は、将来株価が上がった時に売却して利益を得ようと考えるので、株式を購入する。また、バブルはいつかはじけることを知っている人であっても、その前に売り抜ければよいと考えていれば、やはり株式を購入する。したがって、こう考える人が多ければ、株価は実際に値上がりすることになる。これが、バブルが成長する過程である。しかし、株価が永久に上昇したためしはないし、それはあり得ない。いずれかの時点で崩壊する。

図表7-5 1980年の金バブル

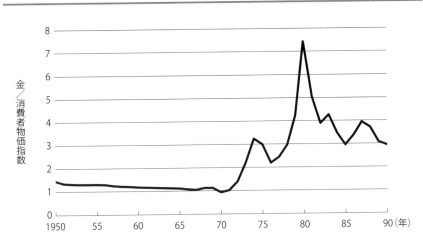

(出所) www.measuringworth.comのデータより著者作成

　バブルは「予想できるびっくり」という矛盾に満ちた現象である。つまり、迫り来る惨事に関して合意があるが、いつ来るかというタイミングに関して意見が分かれているような状況である。

　歴史的に何回バブルが起きているかは、バブルの定義によるが、直近の数十年に限っても、いくつかの顕著な事例が存在する。その代表的なものを以下に列挙する。

- 1978年〜　金バブル—1980年に破裂。
- 1986年〜　日本経済における株式・土地バブル—1990（株価）〜91年（地価）に破裂。
- 1999年〜　アメリカのドットコムを中心にした世界中のITバブル—2000年に破裂。
- 2003年〜　アメリカのサブプライムローン問題に端を発した不動産・株式バブル—株価バブルは2008年（9月15日にリーマン・ブラザーズの破綻）に破裂（不動産バブルは2006年）。

　株式市場バブルが発生すると、株価はランダム過程に従うことなく、ある程

度予想可能になる。弱度の効率的市場仮説が成立すれば、過去のデータから将来の収益率を予測することができないので、金融バブルも効率的市場の重大なアノマリーである。

3 投資家心理とその市場結果への影響

投資行動に関わる心理的な要因は、以下の4種類に分類される。
（1）思考エラー（認知バイアス）：情報の処理や分析過程における過ちや、その経験則の使用により発生する最適ではない行動。
（2）選好：好みや嗜好、個人の「好き・嫌い」により発生する行動。
（3）感情：人間が抱く様々な感情が左右する行動。
（4）社会心理：他者の行動の観察、他者との交流や投資環境における相互作用の影響を受ける行動。

図表7-6　投資家心理の4つの要因

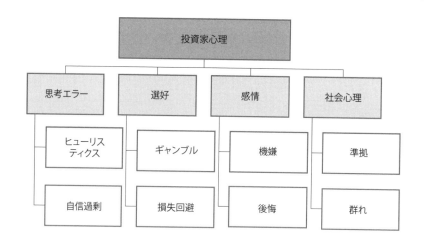

(1) 思考エラー

　思考エラー（認知バイアス）とは、ある決断や行動をとった後、その決断や行動を客観的に見たり、論理ルールを駆使したりして考え直した時、間違った選択をしてしまったことが明らかになった場合を指す。

　人間が思考エラーを犯す可能性が高くなるのは、どんな時だろうか。人間は、多くの場合、思考のコストを軽減しようとして、直感的な認識、「思考の近道」や「経験則の利用」をまず試みようとする。第2章第2節で説明したように、これを**システム1**と呼ぶことがある。単純な問題であれば、システム1（「直感」）による認識・判断でも間違いなく正しい行動がとれるが、じっくり考えて戦略的に状況を把握し、冷静で理性的に物事を考える必要がある場合には、間違いが起こりやすくなる。人間の意思決定における二重過程理論[8]を用いて言い換えれば、**システム2**（「理性」）を十分に使わずシステム1をメインに使って行動を行うのである。システム2を使わなければならない状況なのに、システム1が使われ、誤りを導く可能性が高くなるのは、以下のような場合である。

- 直面する問題が、複雑で重層化されたものである。
- 入手可能な情報が変動し、不完全で曖昧である。
- 目標が不明確で可変かつ相反する。
- 時間が限定されており、高額のお金に関連するためにストレスに満ちた状態である。
- 意思決定が他人とのやりとりに依存する。

　思考エラーは主に2つの原因、ヒューリスティクスおよび自己イメージバイアスによって発生する。ここでは、これらを投資に関連する場合に絞って、簡潔に紹介することにする。

係留ヒューリスティクス

　ある企業の株式への投資を検討する時、その投資の「価値」を評価しなければならない。一般に、投資専門家による投資の評価は、①企業のファンダメン

タルの把握→②将来のパフォーマンスの予測→③資産評価モデルの選抜→④予測を元に正確な投資評価→⑤取引費用なども考慮した投資の決定、といったプロセスで行われると考えられる。しかし、素人の個人投資家は、必ずしもこのような体系的なアプローチをとるとは限らない。そのため、何らかの基準を念頭に置いて正しく評価しようとするが、この評価するプロセスをどのように行うかは、明らかではない。そもそも、どこからそのプロセスを開始すればいいのかという決定自体が難しいのである。この評価プロセスの「出発点」の選択によって、最終的に計算された価値が大きく変わることがある。したがって、慎重に出発点を選んだ方がいいのは当然なことである。ところが、人間は物事を考え始める時、たまたま目についた「**係留（アンカリング）**」から考える傾向がある（第2章第5節参照）。たまたまの係留を出発点にしても、評価プロセスを十分に続け、対象となる株式の価値を段階的に修正し、満足のいく正確な価値の評価ができるのであるならば問題ないのだが、その評価プロセスの中で行われる修正が不十分で、中途半端なプロセスになってしまうことが多々ある。この場合、たまたま出発点となった「係留（アンカリング）」に近い結論に落ち着くことになってしまうが、この出発点が正しい保証はどこにもないのである。この現象は意識しなくても発生し、係留ヒューリスティクスと呼ばれる。

　株式投資の場合に、特に係留となりやすい重要なものは、過去の資産価格、適当な数値（特に、切りの良い数字：1000など）、投資専門家の予測等である。このうち、投資専門家の予測は信頼でき、適切な出発点であると思われるかもしれない。しかし、後で詳しく述べるように、投資の専門家の存在意義そのものが疑わしいものである。確かに、とびぬけて好調な業績をあげ続けた「天才投資家」も世の中にいるが、彼らのほとんどはただ運が良かったのである。

代表性ヒューリスティクス

　われわれ人間は、いやが応でも、何事にもパターンを見出そうとする。例えば、株価の過去の時系列を見て人間の頭と両肩に見立てるようなパターンを見つけ、将来の株価を予測する際にこれと同じパターンを発見すれば、利益を得

る大きなチャンスと判断する人もいる。このような行為は一般に**テクニカル分析**と呼ばれている。弱度の効率性はかなりの程度成立しており、株価はだいたいにおいてランダムウォークすることが多い。したがって、過去の株価の動きからパターンを見出して、それを用いて儲けるのは、もしできるとしても簡単なことではない。それにもかかわらず、かなり多くの人がテクニカル分析を用いているのは、何事にもパターンを見出そうとする**代表性ヒューリスティクス**が働いているためではないかと思われる。安易にそのような方法に頼ることは、誤ったデータの処理方法であるとともに損失を招く行為でもある。

利用可能性ヒューリスティクス

　人は、簡単に手に入る情報や、すぐに思い浮かぶ事象を、意思決定の材料として積極的に使う反面、より遠い過去のことや目立った特徴がない情報を忘れるか無視しがちである。その結果、想像が容易な事象の確率を過大評価してしまう。投機バブルはこのエラーの代表例である。バブルの中にいる人々は、ごく最近の株価高騰にしか注意を払わず、投機熱を強めるのである。

　利用可能性ヒューリスティクスは個人投資家の日々の決定にも影響を及ぼすことがある。本章の第1節で説明したように、最適な投資戦略として確実に推奨できるのは分散投資であり、最も理想的なのは「市場ポートフォリオ」を持つことである。問題は、「市場ポートフォリオ」とは何であるかだ。日本に暮らしているからといって日本株だけに投資するのは良くない。世界中に存在する株式を考慮する必要がある。ましてや、自分の勤める企業の株だけを持つという投資戦略は、状況を悪化させるだけである。確かに国内企業に関連する情報、特に自分が関わる企業に関連する情報は、入手が容易で分析しやすく、比較的信憑性がある情報である。それでも、このような特定の資産に集中的に投資することは極めてリスクの高い投資法である。

　国内株だけを持つという比較的軽度な罪も、自社株だけを持つという論外のケースも、ともに、利用可能性ヒューリスティクスの効果である。これは、**親近感バイアス**と呼ばれることもある。

　利用可能性ヒューリスティクス、ないしは、親近感バイアスが投資戦略で作

用していることは、多くの実証研究で確証されている。例えば、1991年に発表された論文[9]は、日本・イギリス・アメリカの個人投資家の資産運用行動を分析し、投資家のポートフォリオに占める国内資産の割合を調べている。その結果、各国の国内資産の割合は、日本人投資家は98%、イギリス人は82%、アメリカ人は92%であった。別の研究[10]によると、メディアで盛んに取り上げられた銘柄は投資家の頭に鮮明に浮かぶため、投資されやすいことが示されている。具体的には、個別銘柄の収益率とマスコミ報道との関係が分析されており、顕著に報道された銘柄ほど、その後2年以内に市場平均の収益率を下回る傾向があったことが報告されている。

自信過剰と過度の楽観

人はある程度楽観的でないと、リスクを負うことを恐れ、挑戦しなくなるだろう。つまり、現代社会が上手く機能し成長するために、広い意味での「投資」行動に楽観的な考え方は必要不可欠であると言えよう。ところが、人間は、容易に楽観的になり過ぎる。自分自身にとって外的なこと——例えば天気や経済の動向や国際情勢など——について甘い（楽観的）考えを持つことは、比較的自分には無害だが、自分の能力や性格（人格的特徴）といった自己イメージにおける過度な楽観は、致命的である。後者を「**自信過剰**」と呼ぶ。

人生をいかに生きるかにおいて楽観主義は有用であるかもしれないが、投資戦略のうえでは悲惨な結果を招く場合も多い。過度な楽観主義、あるいは自信過剰による意思決定や行動は、個人投資家や証券会社などに勤めるファイナンス実務家の行動に様々な形で現れる。もっとも、自分自身の投資能力に自信がない人が株式投資をすることは無いだろうし、ましてや株式仲買人といった大きなストレスを伴う仕事に就かないだろう。以下に、ファイナンスと関係している自信過剰に関わる行動や意思決定のバイアスを簡潔に紹介する。

コントロールの幻想・知識の幻想

自分の能力を過大評価する傾向は、**コントロールの幻想**——自分の判断が、客観的に見た時よりも、結果に影響を与えうると信じること——によってさら

に増幅される[11]。個人投資家が、自分自身でポートフォリオの銘柄選びをするのを好むのは、コントロールの幻想の一例である[12]。

　コントロールの幻想の背景にあるのは、知識の幻想である。これは、「情報を多く集めれば、自分の株式の評価はより精度の高いものになる」という考え方である。しかし実際に高くなるのは評価の精度ではなく、評価への主観的な自信だけである。金融に関する知識で生活する投資専門家は、特に知識の幻想に陥る傾向が強いようである。ある研究論文[13]によると、銘柄選びの問題に直面した投資専門家達が100％正しいと主張した時、彼らの本当の正解率は15％くらいでしかなかった。

確証バイアス・自己帰属バイアス

　人々は、情報やあらゆる現象を判断する時、それらを適当なフィルターにかけて自分の都合のいいように判断する傾向がある。例えば株式を買うとしよう。株式を買うことはその企業の一部を所有することになるので、車などの消費財を買った場合と同様に、良いものを選んで正しい決断をしたと自分を説得しがちである。そのため、自分の意思決定が正しかったと確証するような情報だけを選択して収集し、反証となる情報はすぐ忘れるか無視する。こういう選択的情報収集を**確証バイアス**と呼ぶ。情報だけではなく現実そのものを歪んで見てしまい、**自己帰属バイアス**を起こす。自己帰属バイアスとは、望ましい結果が起こると、それは自分の能力のためだと思い込み、逆に望ましくない結果の原因は「運が悪かった」とか「予期できなかったことが生じた」などという理由で、自分にはどうすることもできなかった要因のせいだと信じてしまう[14]ことである。

　投資行動において、これらのバイアスはどう働くのだろうか。投資家が信じることは現実と真逆であるという状況が珍しくないだろう。好景気の中、比較的安く手に入れた株式はしばらく値上がりし、その企業の業績も好調だったとしよう。これらの成果は今後の収益力を示すと解釈し、この株を選んで良かったと考えるだろう。しかしながら、好調な業績は景気循環の結果であり、投資した企業は実際には二流企業だったということが多々ある。確証バイアスに

よって無視してしまった当該企業に関わる詳細な会計情報は、時間が経つと株価に反映される。自己帰属バイアスによって「賢く」選んだと思った株は、実はたまたま運がよかったゆえだったに過ぎず、一時的に軒並み値上がりした市場全体の動きは、後ほど市場調整によって反落する。

　軽率にヒューリスティクスを使う投資家や自信過剰の投資家は、株式の売買頻度が異常に高くなる。その結果、取引手数料が高くなり、損失を被ることになる[15]。面白いことに、男性は女性よりも取引頻度が高い[16]。

(2) 選好

ギャンブル選好

　ギャンブル（賭け）行動は、すべての人類社会で見られる。株式投資の仕組みも賭博行為との共通点が多くある。したがって、ギャンブルが好きな人は、刺激に溢れる株式投資や証券業でのキャリアに惹かれるのだろう。ギャンブルにネガティブなイメージを抱く人も多いかもしれないが、ギャンブル行為は必ずしも社会的な問題ではない。むしろ、刺激を追い求める人間の心理本能である。ただ、ギャンブル嗜好のエネルギーを娯楽であるカジノやパチンコに注ぐよりも、株式投資に注ぐ方がずっと生産的である。自分の将来のためにもなるし、企業の資金調達を助けることで経済にも貢献できるポジティブな行為であるからである。

　もちろん、慎重に投資戦略を考えないと、ギャンブルと同様にあらゆる罠に陥る恐れがある。例えば、株取引では、興奮している投資家のリスク選好がおかしくなってしまう。株式を賭け（くじ）のようなものとみなして、確率が非常に低いがもし実現されたら大金をもたらす大穴のような株を狙いがちなのである。プロスペクト理論の確率加重関数で示されているように、0に近い低い確率を主観的に大きく評価してしまう[17]。

近視眼的な損失回避

　株式投資は長年にわたるプロジェクトとして捉えた方が、取引費用を考えると倹約的である。この場合、自分のポートフォリオに入っている銘柄の株価を

図表7-7　株価変動の例

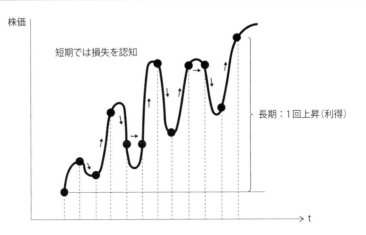

頻繁にチェックする必要はない。たとえ毎週や毎月・四半期ごとにチェックしても景気循環の影響が強く、マクロ的な要因で株価が変化している可能性が高い。要するに、長期的保有を考えている場合、頻繁にポートフォリオや個別銘柄のパフォーマンスを確認する意味はあまりない。それにもかかわらず、つい見てしまう、確認しなくてはいられない、という人が多いようである。

ポートフォリオや個別銘柄のパフォーマンスを頻繁に確認するほど、損失を見出す確率も高くなる。ここで損失株とは、買った時点での株価に比べて現在値下がりしている株のことである。例えば、ある株価が図表7-7のように変動したとしよう。

この時、購入時から11年間株価をチェックしなければ、株価は上昇したものと認知されるが、毎年チェックすると、5回上昇し（利益）4回下落した（損失）と認知されることになる。

また、第4章で説明したように、人々は1万円の利益から得られる満足感よりも、1万円の損失から感じる不満足感の方が大きい（2倍以上）。

この2つの要因、(1) 頻繁に株価を確認する傾向 (2) 損失回避、を合わせたものは**近視眼的な損失回避**と呼ばれる。近視眼的な損失回避とは、視野が短い

という時間選好の要素と、利得と損失に対する非対称的な満足感の感度という要素が含まれる複雑な選好のことである。株価における短期的な変動性は、長期的な保有資産の健全性のうえでは当たり障りのない現象であるにもかかわらず、投資家がこれを無視するのはなかなか難しい。近視眼的な損失回避を用いて、金融市場のアノマリーである株式プレミアムパズルを説明する行動経済学の有名な研究[18]も存在する。株式プレミアムパズルとは、株式の収益率が国債などの安全資産に比べると、妥当と思われるリスク回避度から推測できる水準より高いことである。株式は変動が大きい分、国債より嫌われるので、それを打ち消すだけの高い収益率が付されなければいけないが、人々がリスクを嫌う程度に比べて、収益率が高すぎるというわけである。これは、損失の方が利得よりも効用に2倍ほど大きな影響を与えるという事実を考えると緩和される。そして、頻繁に株価をチェックするほど、利益と損失を認識する回数が増えるので、その効果は強くなる。この研究は、大体1年1回ぐらい株価をチェックするのであれば、リスクプレミアムの大きさは説明できることを報告している。

(3) 感情

効率的市場仮説を支持する経済学者達は、人間の感情や気分は幸福と絶望の間でランダムに揺れ動いており、多数の人の感情の効果が相殺しあうので、金融市場の機能に影響を及ぼすことはないと考えている。また、感情にとらわれた素人の株式売買は株式に関連する情報に基づいた取引ではない。そのような取引は、情報を効率的に利用する投資家の裁定取引によって相殺されるため、株価が感情によって左右されることがないと考えている。しかし、株式市場が感情により左右されるかどうかを巡っては、経済学者の見解は大きく分かれている。

株式投資という経済行動上での意思決定と、感情との関係について考えてみよう。投資の決定は高度な情報処理能力を要する複雑な問題であり、問題が複雑であるほど解決策をじっくりと慎重に練る必要がある。一方、時間や計算力に限りがあるため、最適な選択を必ずしも行える保証はない。そのため、情報処理に投入する金・能力・時間とそれによって得られる収益との間に、明らか

にトレードオフが存在する。株式投資のような複雑な問題に直面する時、人々がどの程度まで感情に頼るのだろうか。心理学の研究を見てみよう。

心理学者フォーガス（Joseph P. Forgas）[19]の提唱した「感情混入モデル」では、解くべき問題の難易度が難しいほど感情の影響を受けやすくなる。この理論モデルは最近の実証研究でも確証された。社会心理学者[20]らは、米国のアマゾンのウェブサイトで公開されている約420万件という膨大な商品のカスタマーレビュー（利用者による商品の評価）データを分析し、評価で使われた言葉に感情的な表現が多いほど評価が高いか低いかが予測しやすくなると報告した。

投資家が株を選ぶ際にも同様に、インターネット掲示板や他者の意見、また専門家の評価などを参考にすることが多いだろうし、明確な選択がはっきりせず迷う場合は、最後には自分の直感で決める可能性が高いだろう。一般的に、人間は自分の抱く感情を情報として利用している傾向があると、心理学で主張[21]されている。重要な決断をする時、「自分はどちらを好ましく感じるか」と自問し、出た答えに決定が左右されることが多い。ここで注意しなければならないのは、どの程度理性的に考えられるかは、その人の機嫌の良し悪しによって変わってくることである。機嫌が悪いのは何らかの問題を抱えているからであり、その問題を解決するために努力を費やし注意深く考えているので、ほかの問題に対しても理性的に問題処理が行われる傾向がある。これに対して機嫌が良い時は、明らかな危険が察知されていない時であり、与えられた問題を深く考えず感情でその決断を決めてしまうことが多い。

金融市場におけるバブルという「気分の良い状態」と、その後必然的にやってくるバブルの崩壊には、上記の理論をそのまま当てはめることができる。バブルに乗っている投資家は「非合理的な熱狂」[22]にとらわれる一方、バブルが崩壊すると、メディアも含め、損をした投資家や金融業界関係者が用心深くなり、慎重なアプローチをとるという現象がよく見られる[23]。バブルの犠牲者は、「もっと早く売却すれば良かったのに……」とか「そもそも、株を控えて安全資産に投資したら良かったのに」という後悔をするだろう。逆に、「やはり今回調子に乗って株を買わなくて良かった」と後悔を回避できた人もいるだ

ろう。後悔は、その後の投資家行動に重要な意味を持つ感情でもある。

後悔は、怒りや喜びといった単純な感情と違って複雑な不快感情である。後悔の感情は、まず「もし違う決定をしていたなら、現在の状況はもっと良かっただろう」と考えることから起こる。つまり、後悔を感じるには、

1. 現在の状態を把握する（自分のとった行動が、どんな結果をもたらしたのか）と同時に、
2. その他の確率的に実現可能だった状態を想像する（選ばなかった選択肢が、どんな結果をもたらし得たのか）

という2つのことを考える能力が必要である。後悔を感じるにはこのような高次認知的処理が必要なため、人が後悔らしきものを感じられるのは7歳程度からだと言われている。

後悔の仕組みを考慮すると投資家行動への含意が明らかになる。後悔を一度体験すると、その後の投資を考える時、より慎重にあらゆる情報を分析するだろう。悔しい感情を回避（後悔回避）するため、二度とだらしない投資家とならないよう自分に誓うだろう。ポートフォリオ理論の提唱者マーコヴィッツ（Harry Markowitz）も退職後の投資を考えた際「資産をどう配分する」と尋ねられ、「将来の後悔を最小化しようとした」と答えた[24]。後悔に基づく意思決定理論は、期待効用理論の代案として、何十年も前から提唱されたもの[25]もある。

(4) 社会心理

多くの人は、自分の考えや信念や世界観が独特で自分らしい「オリジナリティ」のあるものだと考える。ところが、自分と同じ考え方をしている人や同じ好みを持っている人が、たくさんいるにもかかわらず、自分のことを「オリジナリティ」のある人だと思うことが多い。私達の考えや感情は、周りの環境や他人との相互作用によって形成されるものであるため、ある時代や、ある地域の人々は、その時代や地域の人々の考えや感情は互いに似通ってくるのである。著名な社会学者デュルケーム（Émile Durkheim）は、この社会的基盤の一様化を時代精神（ツァイトガイスト）と名付けた。

現代社会で生きる人間は互いに依存しあい、自分の言動は、他者からの影響によるところが大きい。そして、あらゆる社会的慣習は、個人に社会的な圧力を与えるものである。ただ自分の頭の中にしか存在しないものにしろ、明示的に同僚などに言われる言葉で伝わってくるものにしろ、その社会的な圧力に服することを集団準拠という。集団準拠の極端な例は、集団思考[26]であり、集団的な意思決定における思考様式である。集団メンバーは、個人で物事を考えず、何が良いか悪いかも判断せずに、単に全体の意見に追従する。

　社会的な圧力に服すると、多くの人々が同じ行動をとるようになり、これはハーディング現象（群れ・群衆行動）と呼ばれる。金融市場における**ハーディング**はかなり複雑なものであり、その原因は1つに帰することができない。他者と同じ行動をとることでコミュニティ意識が働き、コミュニティのメンバーとして安心感や協調といった便益が得られる。また、都合よく責任転嫁もできる。例えば、投資した株式の価格が下落したら、自分が投資家として失敗したのではなく、「他人に勧められたから」や「みんなその株を買ったから」と言い訳ができる。

　この投資ハーディングは世界中の株式市場で見られる。例えば、証券会社の同じ支店を利用している中国人の投資家は、直接お互いに株取引の話し合いをしている[27]。ドイツ人の個人投資家は株価の動きを綿密に観察し、売り圧力を感じたらそれに同調して売却し、大多数の人が相次いで株を買う時には購入する傾向がある[28]。アメリカ人は知り合いを株取引に引き込むが[29]、この現象は特に共同体意識が形成されているコミュニティに多い。

　投資ハーディング現象は株式バブルを発生させやすい環境であり、金融市場の非効率性に大きな影響を与える。

4　投資家心理の市場成果

　金融市場は「摩擦のない」完全なものではない。取引費用や空売り制限、株取引プロや投資アナリストのような専門家が直面するインセンティブ（利得・

損失）等々といった要因は、市場の完全性を妨げるのである。例えば、証券会社に勤務している投資ディーラーや投資アナリストは自分の給与に関心があるが、その給与は彼らの短期における業績に連動していることが多い。このような給与体系は短期利益の追求を促進し、過剰にリスクを負うインセンティブをもたらす。

　投資専門家でも、個人投資家でも、生身の人間であり、完全合理的な「経済人（ホモエコノミカス）」でもない。この完璧でない投資家と完璧でない金融市場の組み合わせが、社会にとって望ましくない市場成果（バブルや金融危機など）と個人の厚生において望ましくない投資成果（金銭トラブルや退職後の生活のために不十分な貯蓄）を生み出す。

ノイズ取引および裁定の限界

　景気や企業の財務情報・産業動向などに関する情報をファンダメンタル情報という。ファンダメンタル分析以外の理由、例えば感情や流動性不足、による株取引はノイズ取引と呼ばれる。本章の冒頭で説明したように、株式市場に摩擦がなければ、ノイズ取引は株価に影響を及ぼさず、株価は常にファンダメンタル情報だけを反映した効率的な市場になる。なぜなら、裁定者と呼ばれる株取引プロフェッショナルが直ちにノイズ取引の反対側に立って裁定取引を行うことで、ノイズ取引の影響を完全に相殺するからである。裁定者は、非合理的なノイズトレーダーを食い物にして儲けを出すのであるが、現実の金融市場では裁定取引には限界があり、すべてのノイズ取引が消滅するとは限らないことがわかってきた。

　個別銘柄というミクロレベルにおいて裁定取引の機会が現れても、そのような機会は、高度なソフトウェアを使う証券会社などの株取引のプロがすぐに利用してしまうと言われている。それでも、たまに顕在的な裁定取引の機会が個別株レベルで存在していて、すぐには消えないことがある。ティッカーシンボル（米国の株式市場において上場企業を識別するための符丁の1つでアルファベット5つまでの文字で表される。東京株式市場では4桁のコードが使われている）が似ている銘柄の株価の動きを分析し、裁定がうまく行われていないこ

とを明らかにした研究[30]がある。この研究は、業種を含めて全く関係がないが、ティッカーシンボルが似ている2つの企業（ティッカーシンボルがMCIとMCICの2企業）の株価を見たところ、収益率、株価の変動性、売買高の3つともが、同方向に動くことが多いことを明らかにした。おそらく、その原因は、投資家がティッカーシンボルを入力ミスしたことであると推測される。

　入力ミスは上記に紹介した投資家心理に起因する最適でない行動よりも単純な過ちである。入力ミスにより株価が効率的な水準から乖離するならば、多くの投資家の感情や選好の変化や、社会心理におけるハーディング現象による投資行動が、マクロレベルで株価に影響を及ぼす可能性は否定できないだろう。

不十分なポートフォリオの多様化

　個人投資家の多くは、自分の所有するポートフォリオのパフォーマンスを確認する時や、ポートフォリオの構成を見直す時に、心理バイアスに左右されがちである。彼らはまず、ポートフォリオ全体のパフォーマンスを評価するよりも個別株ごとのパフォーマンスを確認し、それぞれの株式の基準値（プロスペクト理論の参照点）に対する損得に注目する。つまり、投資問題を広義ではなく狭義に見てしまうのである。また、損失株を持ち続けてしまう一方、利得株を売却し利得を早く確定したがる傾向がある。この実現損益の非対称性は「**気質効果**」と呼ばれ、その存在が数多くの実証研究[31]で確認されている。

投資ファンドと証券アナリスト

　個人で行う資産投資が難しいならば、投資信託（投資ファンド）に資金を託す方法もある。一見すると、それは「長い目で分散投資をする」という目標を達成するための良法であるが、いくつかの問題点も指摘されている。第1に、投資信託会社が経常費（オフィス家賃・人件費・広報費等々）を支払っているということである。その経費は、投資家がファンドに投入する資金で賄われている。第2に、投資信託会社は、当然、利益を稼いでいるが、その利益は、明示されていないかもしれない手数料に含まれていることである。第3に、アクティブ運用型ファンドが多いことである。アクティブ運用とは、市場平均以上

の収益率を目指し、積極的に資産売買を行う投資戦略である。これが最も問題なのは市場指数より優れた収益率パフォーマンスを平均してあげることが不可能である事実が明らかにされている[32]からである。

　2015年5月現在、日本には5000本を超える（2015年5月21日、『日本経済新聞』朝刊よると、5587本）投資信託がある。もしこれらの投資信託すべてがランダムに資金を資産に投入するならば、確率的に言って、8年続けて1年ごとに日経平均指数を上回る成果を出すファンドが21本もある。これらのファンドは市場で高い評価を受け、生存バイアスが働くために生き残る。生存バイアスとは、ある集団の中で、一部の生き残った者にだけ着目されることによる誤った判断を下すことをいう。

　生存バイアスは統計的な現象であるが、一般に素人個人投資家より投資専門家の方が心理バイアスにとらわれやすいことが、多くの研究で明らかにされている。まず、専門家は自信過剰であり、特に、自分の予測が間違ったことが明らかになった場合、自分のエラーを認めず確証バイアスにとらわれる傾向がある。気象予報士も将来を予測する職業であるが、投資アナリストに比べて極めて謙虚な人達であり、間違った予報をした場合は自分の誤りを認める。それに対して、投資アナリスト達は、「予期できなかったことが起きたから」といった言い訳を作り出し責任を認めない[33]。

　もちろん、自信がなさそうな投資アナリストのアドバイスを誰も真剣に受け止めないし、誰も彼らにお金を払わないので、専門家が自信過剰である背景には、人々がそれを望んでいるという仕組みがある。投資アドバイスを受ける人は、アドバイスを提供する人が専門家（エキスパート）であると言われたら身体の自然防御能力が低下し、また専門家のアドバイスを受けた時は、投資決定に必要な思考プロセスに伴う負担を減らす傾向があるということが神経経済学の実験でわかった[34]。

　投資の「専門家」と呼ばれる投資アナリストの株価に対する予想の正確さを検証した研究[35]がある。その研究は、投資アナリストによる上場企業の利益成長率の予測値を用いて、予想成長率の低い企業のポートフォリオと予想成長率の高い企業のポートフォリオを組んで、その今後の収益率を比べてみた。する

と、利益成長率が高く予測されていたポートフォリオの実際の収益率は、利益成長率が低く予測されていたポートフォリオの実際の収益率を大幅に下回っていた。

では、市場平均を上回る収益を期待できないならば、いったいなぜ人々は投資アナリストのアドバイスを求めたり、自分のお金をアクティブ運用型の投資信託に委ねたりするのだろうか。そもそも、これらの金融サービスの存在意義はあるのだろうか。1つの答えは、人間の心理である後悔という感情にあると思われる。

株価や景気を予測する投資専門家は、患者の疾患を診断する医療専門家に例えられることもある。気象予報士とは対照的に、両グループの予測能力は低く報告されている。近年の医療現場では、患者の治療方法決定には、患者自身を意思決定に関与させるのが標準的となり、治療法の選択が完全に患者に委ねられることも多い。それに対して、投資専門家の支援を求める個人投資家達は、投資対象の資産を選択する時、意思決定の権限を進んで専門家に委任するのである。この2つの違いは、後悔感情に内在する反事実的条件思考にある。後悔を抱くのには、過去を振り返って起こった事実だけではなく、起こらなかったが（実際にとった行動とは別の行動をとった場合）起こり得た反事実をも同時に認識することが必要なのである。治療法の選択をする際においては、実際に行った決断がもたらした成果しか知ることができないので、自分の意思決定が間違ったかどうかわからないままでは、後悔は成り立たない。治療法選択を投資資産選択と対比すると、後者は自分がとらなかった決断がもたらした反事実を容易に確認できる。インターネットで資産価格をチェックすればよいのである。それにより間違った決断を下してしまったことに気付き、後悔の念に苛まれる。一方、決断を専門家に委託すると責任転嫁ができ、自分の行動には何も悪いことはなかったと思えるのである。

練習問題

❶ 効率的市場仮説には、いくつかのバージョンがある。これらの相違点を説明せよ。
❷ 行動ファイナンスは2つの主張のもとで構築されている。それらの主張を述べよ。
❸ 裁定者とは、どのような人か。裁定取引に伴うリスクと効率的市場仮説との関係を説明せよ。
❹ 効率的市場仮説に対するアノマリーには、どんなものがあるのか。
❺ 投資ハーディングとは、どんな現象か。例を挙げて説明せよ。

[注]

1 Samuelson, P. A. (1998) "Summing Upon Business Cycles: Opening Address", in *Beyond Shocks: What Causes Business Cycles?*, edited by J. C. Fuhrer and S. Schuh, Boston: Federal Reserve Bank of Boston.
2 Jung, J. and R. Shiller (2005) "Samuelson's dictum and the stock market", *Economic Inquiry*, 43 (2), 221-228.
3 Fama, E. (1970) "Efficient Capital Markets: A Review of Theory and Empirical Work", *The Journal of Finance*, 25 (2), 383-417.
4 Shleifer, A. and L. Summers (1990) "The Noise Trader Approach to Finance", *Journal of Economic Perspectives*, 4 (2), 19-33.
5 バートン・G. マルキール (1993)『ウォール街のランダム・ウォーク──株式投資の不滅の真理』井手正介訳、日本経済新聞社。
6 Mehra, R. and E. Prescott (1985) "The equity premium: A Puzzle", *Journal of Monetary Economics*, 15, 145-161.
7 Shiller, R. (1981) "Do Stock Prices Move Too Much to be Justified by Subsequent Changes in Dividends?", *The American Economic Review*, 71 (3), 421-436.
8 Stanovich, K. and R. West (2000) "Individual differences in reasoning: Implications for the rationality debate?", *Behavioral and Brain Sciences*, 23, 645-726.
9 French, K. and J. Poterba (1991) "Investor Diversification and International Equity Markets", *The American Economic Review*, 81 (2), 222-226.
10 Gadarowski, C. (2001) "Financial Press Coverage and Expected Stock Returns", Cornell University Working Paper.
11 Langer, E. J. (1975) "The Illusion of Control", *Journal of Personality and Social Psychology*, 32

(2), 311-328.
12 Deaves, R., E. Lüders, and G.Y. Luo (2008) "An Experimental Test of the Impact of Overconfidence and Gender on Trading Activity", *Review of Finance*, 13.
13 Torngren, G. and H. Montgomery (2004) "Worse Than Chance? Performance and Confidence Among Professionals and Laypeople in the Stock Market", *Journal of Behavioral Finance*, 5(3), 148-153.
14 Miller, D. and M. Ross (1975) "Self-Serving Biases in the Attribution of Causality: Fact or Fiction?", *Psychological Bulletin*, 82(2), 213-225.
15 Odean, T. (1999) "Do Investors Trade Too Much?", *American Economic Review*, 89(5), 1279-1298.
16 Barber, B. and T. Odean (2001) "Boys will be Boys: Gender, Overconfidence, and Common Stock Investment", *The Quarterly Journal of Economics*, 116(1), 261-292.
17 Barberis, N. and M. Huang (2008) "Stocks as Lotteries: The Implications of Probability Weighting For Security Prices", *American Economic Review*, 98(5), 2066-2100.
18 Benartzi, S. and R. Thaler (1995) "Myopic Loss Aversion and the Equity Premium Puzzle", *The Quarterly Journal of Economics*, 110(1), 73-92.
19 Forgas, J. (1995) "Mood and Judgment: The Affect Infusion Model (AIM)", *Psychological Bulletin*, 117(1), 39-66.
20 Rocklage, M. and R. Fazio (2015) "The Evaluative Lexicon: Adjective Use as a Means of Assessing and Distinguishing Attitude Valence, Extremity, and Emotionality", *Journal of Experimental Social Psychology*, 56, 214-227.
21 Schwarz, N. and G. Clore (1988) "How Do I Feel about It? Informative Functions of Affective States", in *Affect, Cognition, and Social Behavior*, edited by J. Forgas and K. Fiedler, Toronto: Hogrefe, 44-62.
22 Shiller, R. (2001) *Irrational Exuberance*, 2nd ed., New York: Broadway Books.
23 Lucey, B. and M. Dowling (2005) "The Role of Feelings in Investor Decision-Making", *Journal of Economic Surveys*, 19(2), 211-237.
24 Shefrin, H. (2002) *Beyond Greed and Fear*, Oxford University Press.
25 Savage, L. (1951) "The Theory of Statistical Decision", *Journal of the American Statistical Association*, 46(253), 55-67.
26 Janis, I. (1972) *Victims of Groupthink*, Boston: Houghton Mifflin.
27 Ng, L. and F. Wu (2010) "Peer Effects in the Trading Decisions of Individual Investors", *Financial Management*, 39(2), 807-831.
28 Dorn, D., G. Huberman, and P. Sengmueller (2008) "Correlated Trading and Returns", *The Journal of Finance*, 63(2), 885-920.
29 Brown, J., Z. Ivković, P. Smith, and S. Weisbenner (2008) "Neighbors Matter: Causal Community Effects and Stock Market Participation", *The Journal of Finance*, 63(3), 1509-1531.
30 Rashes, M. (2001) "Massively Confused Investors Making Conspicuously Ignorant Choices (MCI-MCIC)", *The Journal of Finance*, 56(5), 1911-1927.
31 例えば、Odean, T. (1998) "Are Investors Reluctant to Realize Their Losses?", *The Journal of Finance*, 53(5), 1775-1798.
32 Malkiel, B. (1995) "Returns from Investing in Equity Mutual Funds 1971 to 1991", *The Journal of Finance*, 50(2), 549-572.
33 Tyszka, T. and P. Zielonka (2002) "Expert Judgments: Financial Analysts Versus Weather

Forecasters", *Journal of Psychology and Financial Markets*, 3(3), 152–160.
34 Engelmann, J., C. Capra, C. Noussair, and G. Berns (2009) "Expert Financial Advice Neurobiologically 'Offloads' Financial Decision-Making under Risk", *PLoS ONE*, 4(3), e4957.
35 La Porta, R. (1996) "Expectations and the Cross-Section of Stock Returns", *The Journal of Finance*, 51(5), 1715–1742.

第8章

幸福の経済学

本章のポイント

- ☑ 伝統的な経済学が用いてこなかった主観的幸福感を利用する試みが、幸福の経済学である。
- ☑ 一国の経済が豊かになっても、幸福度が高まらない現象を幸福のパラドックスという。
- ☑ 幸福のパラドックスの原因として、順応仮説、相対所得仮説がある。
- ☑ 主観的幸福感が個人間で比較できれば、所得分配の問題が分析できるようになる。

1 幸福の経済学の目指すもの

　幸福の経済学とは、広義には、経済学において、人々の幸福を実現するにはどうしたらいいかを考える学問分野である。近年、経済発展が進み、少なくとも先進国においては物質的な貧困が深刻な問題でなくなってきた。もちろん、先進国においても経済格差は存在し、過去の時代と比較すると十分に高い生活水準を達成していても、現代において相対的に貧しい人にとって、相対的な低所得は深刻な問題である。この意味で、所得はいまだに、そしておそらく永遠に、重要な問題であり続けるだろう。

　しかし、現代において相対的にも豊かな人々が幸福であり、生活に満足しているかというと、必ずしもそうではない。仕事のストレス、家庭や職場や近隣

における人間関係のこじれ、騒音、不眠、共同社会の崩壊による疎外感・孤独感、政治的不安定さなどによって、不幸な人生を送っている人は多い。鬱や自殺の数からも、物質的に豊かな社会が幸福な社会であるとは必ずしも言えない状況であることは明らかである。それにもかかわらず、伝統的経済学は、もっぱら、物質的な豊かさだけを問題として取り上げてきた。社会の豊かさが国内総生産（GDP）で測られるのが、この事態を象徴している。経済学はもともと人々が幸福になるにはどうすればいいかを考える科学であり、物質的な豊かさに注目してきたのは、それがこれまで、人間の幸福にとって決定的に重要であったからにすぎない。現代は、少なくとも先進国においては、物質的な豊かさに関心を限っていては、幸福の実現は不可能な時代である。したがって、最近、経済学にモノ以外の精神・心理的要因を取り入れようとする試みが強まってきたのは、自然な成り行きなのである[1]。

　ブータンがGDPでなく、国民総幸福（Gross National Happiness; GNH）を基礎に国民の幸福実現を目標とすると宣言し、それが、世界中で熱い関心を集めたのは、その一例である。2008年に当時のフランス大統領サルコジ氏が、「経済パフォーマンスと社会の進歩の測定に関する委員会（CMEPSP）」を立ち上げ、ノーベル経済学賞の受賞者であるスティグリッツ（Joseph Eugene Stiglitz）やセン（Amartya Sen）らが参加し、GDPに代わる幸福指標を考案しようとしたのも、時代に沿った動きである。

　狭義の幸福の経済学は、**主観的幸福感**を用いる経済学と定義される。主観的幸福感とは自分が幸福と感じている程度のことであり、例えば、次のような質問で測定される。

　「全体として、あなたは普段どの程度幸福だと感じていますか」

　そして、1から4の4段階や、0から10の11段階で、回答してもらう。このタイプの質問は経済学や社会学では通常のものだが、心理学では、むしろ簡単で類似した複数の質問を尋ね、その回答を合計するといった測定法がとられることが多い。

　伝統的経済学では、このような主観的幸福感が用いられることはなかった。それは、「11段階で幸福感を尋ねる質問に7と答えた人が6と答えた人より幸福

であるという保証がいったいどこにあるのだろうか。そもそも、人々の幸福感や満足感の強さというのは比べられるものだろうか」という疑問による。伝統的な経済学は、個人の幸福感・満足度の比較は不可能とし、経済学の理論を構築したのである。そして、経済学では、幸福感・満足度という用語を避け、「効用」という言葉を使っている。ある人がA（例えば一杯のそば）とB（例えば2個のパン）のどちらからより大きな効用を得るのかは、それらがタダでもらえる場合、どちらを選ぶかという行動を観察することで明確に知ることができる。しかし、2人の人がいておにぎりが1個しかなかった場合、そのおにぎりをどちらの人にあげた方がより喜ばれるか（効用が大きいか）を明確に測る手段はない。

　個人間の効用が比較できないという前提に立つと、社会で好ましい資源配分とは、存在する財を無駄なく配分しつくした状態である。この状態をパレート最適という。もし配分されずに余っているものがあれば、それを誰かにあげることによってその人の効用が上がり、他の人の効用はそのままであるので、社会全体はより良くなることになる。しかし、誰かが持っている財を取り上げて他の人にあげた場合、取られた人の効用は下がり、もらった人の効用は上がるが、別人の効用の大きさは比較できないから、その結果、社会全体として良くなったかどうかはわからないというわけである。つまり、個人間の効用が比較できないという立場からは、どのような所得分配が好ましいかはわからないことになる。経済学が、無駄を嫌い、効率性を重視するのは、このような事情から来ている。

　しかし、個人間の効用比較ができないという立場に固執すると、困った事態になる。貧困な国への海外援助（ODA）や、豊かな人に対する累進課税と貧しい人に対する生活補助など、すべての所得分配政策が、どれも、良い政策かどうかがわからないことになる。これは、常識に反する。個人間の効用比較はできないと言うが、例えば、11段階の幸福度調査で、0（非常に不幸）と答えた人は10（非常に幸福）と答えた人より不幸だと考えて、だいたい間違いはないのではないだろうか。飢え死にしそうになっている人が食べるおにぎりの効用は、満腹の人が食べるおにぎりの効用より大きいと考えてよいのではないだろ

うか。もし、そうであるならば、個人間の効用比較は絶対にできないわけではなく、どの程度できるかという「程度の問題」になる。狭義の幸福の経済学は、しばしば主観的幸福感の個人間比較が可能であると仮定して分析する。あるいは、どの程度個人間比較が可能であるかを調べることを大きな目的とする。もし、主観的幸福感の個人間比較がかなりの程度可能であれば、どのような所得分配がいいのかを明らかにすることができ、経済学の有用性は大幅に増すことになる。

　このような分析は、伝統的経済学が論理を積み重ねて（演繹的に）構築されているのと対照的に、実証的・帰納的である。主観的幸福感の妥当性を調べるのに、他人から見てどの程度幸福に見えるか、その人のホルモンなどの体の生理状態はどうなっているか、などの客観的指標の利用が有効だろう。主観的指標と客観的指標が対応しているかどうかは、いろいろな場合に経験的に確かめられ、それらの結果が蓄積されて、全体として事実と認定されるようなものである。これは、信頼性に欠けるように思われるかもしれないが、医学のように、世の中に役立っている経験科学の多くは、このような経過を経て発展したものである。

　もっとも、主観的幸福感を用いる経済学者が、皆、個人間比較の可能性を目指しているわけではない。伝統的経済学に近い研究者は、やはりそれが厳密には不可能であることを重視し、個人間比較を避けた分析方法（具体的にはパネルデータを用いた固定効果法による推定）によらない結果は信用できないと考えている。

2　どのような人が幸福か

　アンケート調査で主観的幸福感を尋ね、その人のいろいろな属性、例えば、性別、年齢、結婚、学歴、職業、所得、なども尋ねると、どのような属性の人が幸福なのかを調べることができる[2]。具体的には、例えば、男性の幸福度の平均値と女性の幸福度の平均値を比べればどちらがより幸福かがわかる。しか

図表8-1　世帯所得と幸福度

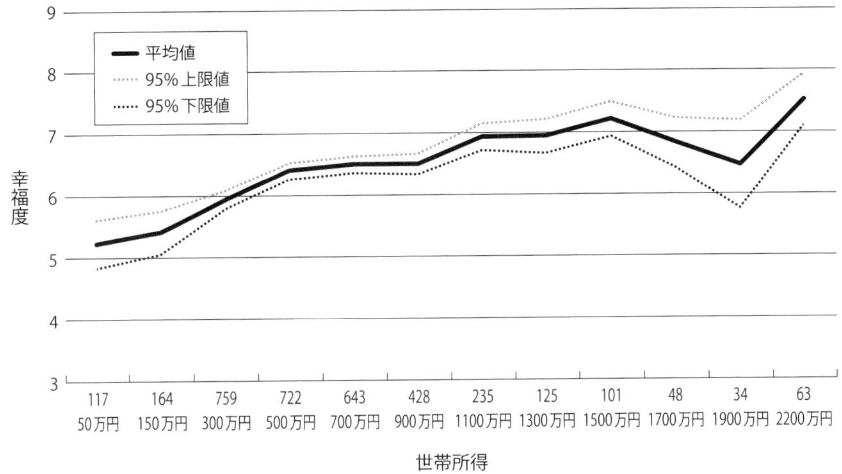

（注）幸福度は0から10の11段階。横軸の上の数字は観察数。
（出所）筒井義郎・大竹文雄・池田新介「なぜあなたは不幸なのか」『大阪大学経済学』58(4)、図5

し、例えば、所得の多い方が幸福であり、男性の方が女性より所得が多いとすると、所得が多い分、男性の平均値が高くなるだろう。したがって、こうして比較した幸福度は、男性本来の幸福度を表しているとは言えない。この問題に対処するためには、回帰分析という統計的手法が用いられる（〈より進んだ内容1〉参照）。幸福度を、性別と所得に回帰した時、性別の係数は所得が同じである男女の幸福度を表すことになる。これが回帰分析を用いる利点である。

様々な属性が幸福度にどのような影響を与えているか、1つずつ見ていこう。

所得

所得が多い人の方が幸福である。しかし、所得が高い階層になると、それ以上所得が増えても幸福度は高くならない。頭打ちになるわけである。図表8-1には、世帯所得によって、幸福度がどう変化するかを示している。実線が平均値であり、点線は両方の点線の幅に95％の確率で平均値が入ることを示してい

る（95%の信頼区間という）。世帯所得が低い時には所得が多くなるとともに幸福度が上がるが、世帯所得が1500万円ぐらいになると、それ以上の所得の増加は幸福度の増加に結び付かないことがわかる。このことは、数多くの属性をコントロールした回帰分析によっても確認される。

性別

　日本を含む多くの国の研究で、女性の方が男性より幸福であると報告されている。実際、本章の著者の研究では、11段階の幸福度で、男性の平均値は6.27、女性の平均値は6.51であった（〈より進んだ内容2〉参照）。これは生物学的に女性の方が幸福なことを示すのだろうか。脳の構造が男女でかなり違うことも報告されているので、生まれつき幸福の感じ方が違う可能性もある。それとも、何らかの社会的役割に基づくのだろうか。例えば、多くの社会では男性優位であるが、これが、男性にプレッシャーを与えることにより、幸福度が下がる可能性が指摘できよう（通常は、支配する方が、より幸福であることが多いが）。

　喫煙している人は不幸である。全く吸わない人の幸福度は6.5程度だが、吸う人は6程度の幸福度しかない。そして、喫煙者は女性よりも男性に多いのである。このアンケート調査の結果では、1日10本以上たばこを吸う人1182人中、男性は914人で、77%を占める。男性の幸福度が低く出るのは、男性の方が喫煙している人が多いからである（〈より進んだ内容3〉参照）。

　もっとも、別の報告もある。それによると、男性が不幸であるのは、世帯主として家族を養う責任を負うことによるのである。

　著者らはアメリカについてもアンケート調査を実施しており、そこでも、同じような結果を見出している。すなわち、男性は女性より少し不幸であるが(6.93対7.03)、いろいろな属性の同じ人を比較すると、その差ははっきりしなくなる。その時のカギとなる変数は、宗教を熱心に信仰しているかどうかである。宗教を信仰している人は幸福であるが、女性の方が男性よりも熱心に信仰しているのである。

　このような研究結果はあるが、なぜ、女性の方が幸福であるのかの理由につ

いては、まだ、研究の蓄積が必要である。

年齢

　年齢については、欧米を中心に、40歳代を底としたU字型になっているとする研究が多い。すなわち、20歳代から幸福度は下がっていくが、50歳代、60歳代と再び幸福度が上昇する。これは、仕事や子育てなどで40歳代が最も大変な時期であることを反映している自然な結果であると解釈する向きもある。日本でもU字型をしているという報告が優勢であるが、幸福度が最も低くなる底が、50歳代以降という老齢になっている傾向があるようである。

　年齢については、実は、年齢効果（または、ライフステージ効果）と世代効果を分けることが必要である。年齢効果とは、年齢の違いによる幸福度の違いである。世代効果とは、生まれた年が違うことによって異なる幸福度である。例えば、2015年の調査で、45歳の人（1970年生まれ）が25歳の人（1990年生まれ）より幸福だったとしよう。これが、もし年齢効果によるのであれば、25歳の人は、20年たって2035年になると、45歳になり、幸福になる。しかし、世代効果によるのであれば、20年経っても、生年には変わりはないのであるから、幸福度に変化はないことになる。このように、年齢効果であるか、世代効果であるかによって、その意味は大きな違いがある。1年間しかアンケートデータがない場合（クロスセクションデータという）には、年齢の違いと生年の違いは同じものであり、両者を区別することはできない。しかし、何年にもわたって、同じ人々を対象にアンケート調査をしている場合（パネルデータという）、ある人は1年たつと1歳年を取るが、生年は変わらない。したがって、もし年齢効果だけで、世代によって変化がないなら、1年たつと、20歳の人の幸福度は前年に20歳だった人の幸福度と同じである。一方、もし、世代効果だけだとすると、1年たつと、20歳の人の幸福度は前年に19歳だった人（つまり自分）の幸福度と同じである。このようにして、両者の効果を識別することができる（〈より進んだ内容4〉参照）。

　2007年に発表されたある研究は1991年から14年にわたる、イギリスの大規模パネルデータを用いて、年齢効果と世代効果を分離した[3]。その結果は、両

効果を合わせた時は、40〜44歳を底とするU字型であるが、純粋な年齢効果は45〜49歳を底とするU字型であると結論している。ところが、2002年に発表された同名の論文は1991年から5年間のデータを用いて分析をしており、かなり違う結果を公表していた。すなわち、両効果を合わせた場合は39歳を底にしたU字型であるが、両効果を分離すると、純粋な年齢効果はU字型ではあるが、底の年齢は70歳代であり、年齢効果はほとんど右下がりであるというのである。これらの結果は、年齢効果と世代効果の分離には、かなり長期間のパネルデータが必要であることを示唆している。

結婚

多くの研究が、既婚者と未婚者を比較して、既婚者は未婚者よりも幸福であることを見出している[4]。このような研究では、因果関係が明確でない。すなわち、結婚すると幸福になるのか、幸福な人が結婚する傾向にあるのかが、明らかでない。そこで、長期のパネル調査結果を用いて、結婚の前後で、幸福度がどのように変化するかが調べられた。その結果、結婚については、結婚の年を頂点に幸福度が高まるが、数年のちには低下していくことが明らかになった[5]。結婚後、完全に元の幸福度にまで戻るのか否か（順応が完全か）については、論争があり、決着していない[6]。日本の女性については、結婚の前年から幸福度が上昇し結婚4年目には低下するという報告がある。本章の著者らは、結婚予定の人々に毎月の幸福度を報告してもらい、結婚する月には幸福度が明確に上昇することを見出している。上昇は、女性の方が顕著である。

出産

出産については、子供を持つ人と持たない人を比べると、子供を持つ人は持たない人より幸福度が低いことが知られている。ただし、子供の影響は、結婚に比べると小さく、明確な影響がないとの結果も報告されている。この種の研究では因果関係が明らかでない。つまり、子供を持つと不幸になるのか、不幸な人が子供を持つのかが識別されていない。そこで、長期のパネル調査結果を用いて、出産の前後で、幸福度がどのように変化するかが調べられた。出産の

前後の年で幸福度の変化にはいろいろなパターンがあるが、幸福度が低下すると報告するものが多い[7]。これは、出産が多大の金銭的費用を要し、さらに、過大な育児労働を課すからであると想像される。実際、日本のある研究は、女性の家事・育児労働時間は子供が生まれる前は週18時間37分であったのが、出産後は週61時間29分に増えると報告している[8]。ただし、ヨーロッパ19ヵ国を分析した研究は、国によって影響は多様であるが、どれも穏やかな影響であると報告している[9]。日本のある研究は、日本の女性は、結婚の前年から幸福度が上昇し結婚4年目には低下する一方、出産時には生活満足度の明確な変化の方向が見えないことから、少なくとも出産は満足度を高めないと結論付けている[10]。一方、日本においては、第1子出産によって、女性の幸福度はむしろ向上するという報告もある[11]。本章の著者らは、出産予定の人々に毎月の幸福度を報告してもらい、出産する月には幸福度が明確に上昇することを見出している。出産月の幸福度の上昇は男性（夫）において顕著である。女性は出産の重荷によって、心理的な幸福が相殺されているものと想像される。

失業

　失業している人と働いている人を比較すると、失業者は大変不幸であることが多くの国で報告されている。失業は人生における多くのイベントの中で最も大きな不幸をもたらすものの1つである。失業は一般に所得の低下をもたらし、それによって不幸になる経路があるが、それは、失業の影響の比較的小さな部分でしかないことが明らかにされている。すなわち、人々は、なぜ自分が解雇されたかと考え、自尊心が傷つくという心理的要因が重要であると考えられる。

　もっとも、失業している人と働いている人の比較では、因果関係は特定できない。すなわち、不幸な人々は概して解雇される可能性が高いという可能性もある。しかし、長期間のパネルデータで、失業の前後の幸福度を比較する研究の結果は、失業によって不幸になる経路が重要であるということを示唆している。また、結婚などの多くのイベントが、時間がたつと元の幸福度水準に戻る傾向があるのに、失業については、そのような順応があまりないことが知られ

ている。失業によって不幸になるという結果は、現代の主流派経済学が主張するように、人々は転職などを考えて自発的に離職するのだという考えが誤りであることを示している。自発的離職者は、離職した方がいいからそれを選んでいるのであり、幸福度が下がることはないはずだからである。

学歴

学歴が高い人の方が、幸福度が高い。高学歴は高所得につながるので、これは当然の結果かもしれないが、回帰分析で所得をコントロールして同じ所得の人を比較しても、高学歴の方が幸福である傾向が認められる。すなわち、高学歴であることは、所得の増加以外にも、様々な経路で幸福をもたらすことがわかる。

喫煙

喫煙する人はしない人に比べて、断然不幸である。これは飲酒が、深酒の人を除けばほとんど幸福感を損なわないのと対照的である。喫煙によるニコチン摂取は鬱をもたらす傾向があり、したがって、喫煙の結果不幸になる因果関係が存在すると思われる。しかし、逆に、不幸な人が喫煙によって気を紛らわしている可能性も無視できない。

喫煙に関しては、タバコ税の引き上げが喫煙者の厚生（幸福感）を高めるか低めるか、という興味深い研究がある。喫煙は一種の中毒現象であり、中毒は好ましくないものと考えられることが多い。しかし、ベッカー（Gary Becker）は1988年に「**合理的中毒論**」を展開し、合理的な人であっても、タバコや麻薬などの中毒に陥る可能性があることを説明した[12]。中毒現象は通常の効用関数に**習慣形成**を加えたモデルで説明される。大雑把に言うと、過去にタバコを消費していると、今のタバコの消費からより多くの効用を得ることができるのである。合理的中毒論とは、習慣形成がある場合、合理的選択で中毒に陥ることがあることである。人間は合理的であるという伝統的経済学の前提に固執すると、中毒はすべて、合理的中毒であることになる。この場合、中毒はその人にとって最も良い状態なので、法律などによって規制することは望ましくな

い。

　しかし、第1章で説明したように、人間は合理的ではあるが、完全合理性を持つわけではない。例えば、完璧な自制心を持たないことがむしろ普通であり、合理的計算によると中毒財を避けるべきだとわかっていても、つい手を出してしまうということがありうる。第3章で説明した双曲割引で表現することもできる。この場合、最初の計画では、1週間後に吸う予定の本数は少ないが、その日になるともっとたくさんのタバコを吸ってしまう。このような非合理的な人を前提にすると、タバコを禁止することは本人にとって良いことであるかもしれない。タバコ税を引き上げ、それによってタバコ価格が上がることも、喫煙者のためになるかもしれない。これに対して、合理的中毒論では、タバコ税の引き上げは決して喫煙者のためにならない。

　アメリカのある研究は、総合的社会調査（General Social Survey; GSS）での幸福度と喫煙のデータを使い、タバコ消費税の引き上げによって喫煙者が幸福になったか不幸になったかを分析した[13]。ここで、注意しなければならないのは、タバコ税が上がり価格が高くなると、喫煙していた人の中でタバコをやめる人が出てくることである。したがって、タバコを吸っている人の幸福度を税引き上げの前後で比較することは、同じ人を比較したことにならないので、正確でない。この点を考慮して分析を進めると、タバコ税を引き上げると、不幸な人が少なくなることが明らかにされた。この結果は合理的中毒論と矛盾する。人々は、タバコをやめたいと思っていたが、やめることができず、タバコ税の引き上げによってやめることができたので、幸せになったと解釈できる。

何をしていると幸せか

　これまで紹介した例は、「全体として、あなたは普段どの程度幸福だと感じていますか」というような質問で把握した幸福感が、属性とどのような関連を持つかであった。しかし、われわれは、たとえ同じ個人であっても、1日のうちにいろいろな幸福感を持つことを知っている。つまり、幸福感は何をしているかに依存する。

　このように、その時の瞬時の幸福感を把握する方法が、**経験サンプリング法**

図表8-2 何をしていると幸せか

順位	質問項目	幸福度	頻度
1	デート	7.371	97
2	飲酒・パチンコ	6.923	13
3	食事	6.178	760
4	団らん（友人・家族）	6.16	511
5	用事外出	6.033	245
6	アルバイト・サークル・運動	5.979	336
7	ショッピング・ドライブ	5.974	154
8	食事用意・家事	5.86	487
9	勉強	5.779	1569
10	休憩	5.773	475
11	TV・ゲーム・ネット	5.663	1883
12	授業・通学	5.446	1112
13	その他	5.417	415
14	喫煙	5.333	6
15	睡眠（寝起き）	5.311	473
	総合	5.779	8536

（experience sampling method）である。これは、被験者にポケベルを持ってもらい、それが鳴った時の幸福感とその時にしていることを書き留めてもらう方法である。最近では、携帯電話やパソコンなどが普及しているから、それらを利用してデータを集めることもできる。

　ノーベル経済学賞を受賞したカーネマンは、アメリカのテキサスで働く女性900人を対象に、もう少し簡便な方法で、行動と幸福感の関係を調べた[14]。すなわち、まず、昨日の1日間の出来事を朝から記述してもらう。何時に起き、何時に朝食を食べ、何時に職場に出かけたか、といった具合である。そして、それぞれの項目に要した時間と幸福感（正確にはプラスの感情とマイナスの感情）を記載してもらう（day reconstruction method（DRM）という）。その結果、セックス、団らん、食事などが高い点数、家事、仕事、通勤が低い点数にランクされている。

　本章の著者らは、約70名の大阪大学の学生に、月に1日選んで、約1時間ごとに何をしているか、どのくらい幸福かを、パソコンや携帯電話でウェブペー

ジにアクセスして、報告してもらった。その結果が図表8-2に示されている。デートが突出して高い幸福度を与えているのは若者らしいが、食事、団らんが高い点数をとり、TVや授業・通学が低い点数になっている。これらはだいたいにおいてカーネマンらの結果と整合的である。

しかし、この結果をもとに、幸福度を最大にするためには、勉強はやめていつもデートや団らんで過ごせばよいとは誰も言わないだろう。たとえ、授業に出席している時は苦痛であっても、長期的な幸福を確保するためには、それが必要だと考えて、大阪大学の学生は我慢して授業に出席しているのである。現在の選択が将来時点の幸福感にどのように影響するかを考えて、将来の幸福感の割引現在価値合計を最大にするように行動するのが、生涯にわたって最も大きな満足をもたらすのであって、その時々の事後的な主観的幸福感の大きさを調べても、その時に何をすべきかは明らかにならない。これが経済学が教える効用最大化行動である。このように考えると、瞬間の主観的幸福感や満足度によって社会の望ましさを評価することは素朴に過ぎ、誤った結論を導く可能性が大きいと考えられる。

3 幸福感の順応

順応（adaptation）とは、人間が他の動物と同様、環境の変化にすぐに慣れるというものである。例えば、明るい戸外から暗い部屋に入った時、暗くてよく見えないが、少し時間がたつと、瞳孔が開いて見えるようになる。これは最も単純な順応の例である。戸外の恒常的な騒音にも、じきに慣れて気にならなくなる。

幸福感にもこのような順応が起こることが知られている。なぜ、人間は、新しい環境に順応して、元の幸福水準に戻るのだろうか。その説明は、しばしば**目標水準**（aspiration level）**仮説**と呼ばれる。所得を例にとると、人々は所得が多いほど大きな幸福感を得るが、幸福感は、その人が目標としている所得水準にも依存している。目標水準に追いつけば幸福感は高まり、目標水準との差

が大きければ幸福感は低い。そして、現実の所得が増加すると、しばらく後には目標所得水準も高くなり、その結果、幸福感は元の水準に戻るという仮説である。

　順応について別の表現もある。幸福感には、人それぞれが持っている基本的な水準（ベースライン）があり、いろいろな出来事によって、そのベースラインから一時的に乖離するが、比較的速やかに元の水準に戻っていく。つまり、幸福感もイベントによって上がったり下がったりするが、次第にイベント後の状況に慣れるというわけである。この仮説は、日常の内省的な観察によって是認されるだろうが、実証的な研究も存在する。著者らは70名の学生を対象に、毎日、主観的幸福感とどの程度重要な個人的ニュース・新聞やテレビのニュースがあったかなどを尋ねた。2006年11月1日から2007年11月30日までの395日の観察値を用いて、0～10のスケールの幸福度をこの2つのニュース変数と、よく眠れた、健康状態が悪い、悩みがないといった変数で説明すると（に回帰すると）、幸福感はその日のニュースの善し悪しの強弱によって影響され、個人的なニュースは新聞やテレビのニュースの影響の10倍以上の強い影響を与える、という結果を得た。

　ミシガン大学のキンボール（Miles Kimball）らは、このデータを用いて分析し、個人的なニュースの影響は、ニュースのあった日から4日程度しか影響がないことを明らかにしている。一方で、新聞・テレビのニュースの影響の強さは、個人ニュースの1/5程度であり、その影響は翌日までしか続かない。これらの結果は、ニュースの影響は速やかに減衰して、元の幸福度の水準に戻るという**ベースライン仮説**と整合的である。

　人生の大きなイベントには、結婚や出産、転居や転職があり、多くの人がそれを経験する。また、大けがをしたり、宝くじに当たったりする人もいる。これらの大きなイベントによって、幸福感は大きく変化するが、やがてその状態に慣れて、元の水準に戻っていく。しかし、このような大きなイベントの場合、完全に元の状態に戻るかどうかについては、いまだ明確にされていない。

4 相対所得仮説

　所得があまり高くない範囲では、所得が多い方が幸福である傾向があることは、164ページで説明した。この所得は自分自身の所得であり、**絶対所得**と呼ばれる。幸福感は、自分の所得の絶対水準だけではなく、他人の所得との相対水準にもよることがわかってきた。これを**相対所得仮説**という。この考えは、1900年ごろのヴェブレン（Thorstein Veblen）の「見せびらかしの消費」に始まり、1950年ごろのライベンスタイン（Harvey Leibenstein）のバンドワゴン効果やデューゼンベリ（James Stemble Duesenberry）の相対所得仮説で定式化された[15]。そもそもの相対所得仮説は、過去の最高所得水準との比較の意味であり、過去の所得が大きくそれに見合って消費されていると、所得が下がってもなかなか消費水準は下がらないということを示していた。しかし、その後、自分の周りの所得水準との比較で幸福感が左右されることも意味するようになった。例えば、自分が属するグループの平均所得より高いと追加的な幸福感を感じ、低いと幸福感が下がるといった現象である。この仮説で問題になるのは、誰の所得と比較しているか（これを**参照所得**という）が、通常明らかでないことである。著者らが実施した大阪大学のアンケートでは、「あなたの周りの人の生活水準はあなたの生活水準と比べて高いと思いますか」と尋ね、続いて「上の問であなたは誰と生活水準を比べましたか」と尋ねている。その結果は、「近所に住んでいる人」が断然多く、「日本全体の平均的な人」がそれに続く。この結果はアメリカにおける調査でも同じである。

　それでは、人々の効用は、どの程度相対所得に依存するのだろうか。これについて、クラーク（Andrew Clark）らは、いくつかの研究において、絶対所得の係数と参照所得の係数がほぼ同じ値で逆の符号であるという推定結果が得られていることを紹介している。つまり、自分の所得が10万円増加しても、気になる他人の所得が10万円増加した場合には効用は変わらないという結果である。しかし、これらの研究を含め、多くの研究が参照点の所得として社会の平均所得を仮定している点で不十分である。これに対し、中国を調査したナイトら

は各個人の出身地域を尋ね、そこの平均所得と比較している点で優れている[16]。その結果は、効用の増加にとって相対所得は絶対所得の2倍以上重要であることを示している。つまり、自分の所得が増加しても、他人と比較して同じぐらい下がっているならかえって不幸になっているかもしれないということである。一方、大阪大学のアンケート調査では、「あなたの周りの人の世帯所得は、だいたいいくらぐらいの人が多いと思いますか」と尋ねている。この回答を参照所得として分析した結果は、絶対所得の係数が参照所得の係数の約2倍の大きさである。

このようにいろいろな結果が得られるのは、対象としている国や推定方法の違いにもよるが、参照所得としてどのようなデータをとるかが違っていることにも起因している。

5 幸福のパラドックス

時系列の比較

主観的幸福感や生活満足度の調査は、社会学者や官公庁によって、多くの国において実施されてきた。こうした調査結果を用いて、一国について各時点の主観的幸福感や生活満足度の平均値を計算し、数十年の推移を示すと、実質総生産は大幅に増加しているにもかかわらず、主観的幸福感や生活満足度は安定していることが報告されている[17]。典型的な例として、1961年から2012年の日本についての結果を図表8-3に示す。この図に示されているように、当該の約50年間に日本の実質GDPは6倍ほど増加したにもかかわらず、0～10のスケールで回答された幸福度は6前後でほぼ横ばいで、安定している。アメリカについても、1973～2003年の期間についてほぼ似たような結果が認められるし、この傾向は、多くのヨーロッパ諸国でも確認されている。すなわち、多くの国において、国全体で集計された所得と幸福度の時系列データの相関は小さい。この現象は、**幸福のパラドックス**、もしくは最初に報告したイースターリ

図表8-3　1961～2012年の日本における、実質GDPと幸福度の推移

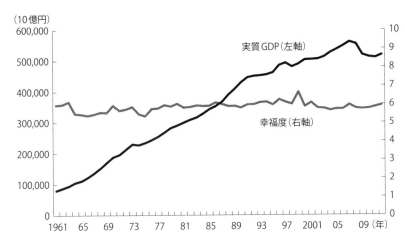

（出所）国民経済計算、World Database of Happiness

ン（Richard Easterlin）の名をとって、**イースターリン・パラドックス**と呼ばれている。

クロスセクションの比較

幸福のパラドックスは、幸福感を時系列的に比較した時に確認される現象であり、ある一時点の一国内の個人の所得と幸福感の間には、対照的に正の相関が認められる。このように、一時点の人々の比較をクロスセクションの比較という。これは2節（165ページ）で説明した通りである。

国際比較

図表8-4は、縦軸に世界価値調査（World Values Survey）で公表されている2005～2008年公表の幸福度をとり、横軸に1人あたりの実質所得（USドル表示）をとって、世界各国の散布図を描いたものである。この図を全体として見ると、所得と幸福度の間に正の相関が見られないわけではない。しかし、年間所得が2万5000ドル以上の国はほぼ団子状態で、所得と幸福度の間に明白な関

図表8-4　世界各国・地域の幸福度と所得の散布図

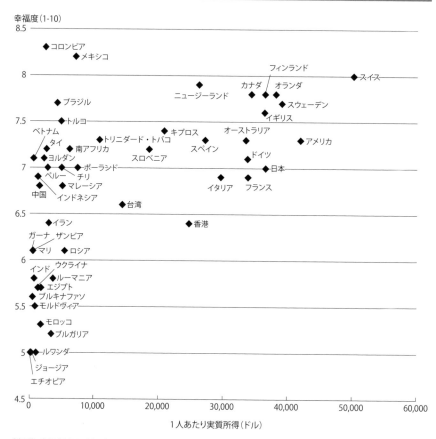

(出所)幸福度はWorld Values Surveyから、1人あたり実質所得はIFS統計データから得た

係は認められない。すなわち、所得が十分高い先進国に限って言えば、所得と幸福度は無相関であり、上述の「幸福のパラドックス」と同様の傾向が認められる。

　一方、2万5000ドル以下の国を含めてすべての国を対象として眺めると、所得が上がれば幸福感が上がるという正の相関（右上がりの傾向）が認められる。この結果は、一国内の個人の所得と幸福感の結果（クロスセクション比較の結

果)と似ている。

　しかし、所得と幸福感に正の相関が認められるとはいっても、その相関から大幅にはずれる国が多数みられる。例えば、日本の1/10ほどの所得しかないが、日本より高い幸福度を示す国がいくつも見られるといった具合である。各国の幸福度が大きく散らばっている理由の1つとしては、幸福度が所得以外の多くの要素(例えば、日常を楽しむ国民性とか、政治過程の民主化の程度)に依存していることが考えられる。もう1つの理由としては、後述のように、人々は他人の所得との比較で幸福感を得るが、その際比較の対象とするのは遠い外国の所得ではなく、近隣の人の所得であるために、国際間の所得格差があまり強く幸福感に影響しないという可能性が考えられる。

幸福のパラドックスの原因：相対所得仮説と順応仮説

　時系列データで、幸福のパラドックスが発生する原因としては、相対所得仮説と**順応仮説**が有力である。

　人々の幸福感が相対所得に影響されるならば、幸福のパラドックスが示すように、国民の平均所得が上昇しても国民の平均幸福度はそれほどには上昇しないことを説明しよう。まず、人々の幸福感が相対所得だけに依存し、絶対所得に依存しないという極端なケースを考えよう。この場合には、国民の平均所得が上昇しても国民の平均幸福度が全く変化しないことさえありうる。例えば、ある時にすべての国民の所得が2倍になったとする。すると、国民の平均所得は2倍になるので、誰も、他の人と比べて豊かにも貧乏にもならない。自分は豊かになっている。だが、今、幸福感は相対所得に依存しないとしているので、誰の効用も変化しない。もちろん、平均の効用は全く変化しない。

　このような均一の所得増加でなくとも、誰かの所得増加は、その人の相対所得を上げることによってその人の効用を上げるが、同時に他の人の相対所得を下げて他の人の効用を下げることになる。このように、効用が相対所得に依存している場合には、一国内のある人の所得増加がもたらす効用増加の一部分が他人の効用減少によって相殺され、平均的な効用の増加に結びつかないことは容易に理解できるだろう。

したがって、個人の幸福感が相対所得のみに依存し絶対所得に依存しないなら、幸福のパラドックスはほぼ完全に説明される。しかし、先に説明したように、実証研究によると、幸福感は相対所得にもよるが、絶対所得にも依存する。研究によって、両者が同じぐらいの大きさであるというものや、相対所得の効果の方が大きいというもの、その逆のものもある。したがって、相対所得だけでは幸福のパラドックスを完全に説明することはできない。

もう1つの原因として順応仮説を考えよう。順応仮説によると、ある期に所得が増加した時、その期の幸福感への短期的影響は大きいが、長期的には所得の目標水準が上がってくるため、影響は低下する。1985年から2000年の西ドイツのデータを用いた研究は、所得増加の1年後にあった幸福度への影響は4年後にはその42%しか残らないと報告している。

クラークらは、相対所得の影響は絶対所得の影響の2倍以上の強さであり、所得の影響の60%は状況に順応することによって消滅するとしている[18]。両方の影響を考慮すると、まず、絶対所得の増加の2/3は幸福度を上げる効果が無く、残りの1/3のうちの60%は、2年後には慣れのために残らない。したがって、2年後には、所得増加の13%（＝33%の40%）しか幸福度を上げるのに役立たない。このように、両仮説の実証分析結果は、なぜ、多くの国において所得が増加したにもかかわらず平均的な幸福度は上昇しなかったのかを、かなりよく説明する。

順応仮説と相対所得仮説の両方を考慮することによって、幸福のパラドックスが説明できるのであれば、物質的に豊かになっても結局幸福にはならないのだから、物質的な豊かさを向上させることは無駄だということになる。一方、生活水準のような目に見えて明確なものは他人と比較されやすいだろうが、読書をしているなどの精神的な活動については知られにくく、それゆえ、比較されることもないだろう。したがって、精神的な活動から得られる喜びについては、比較によって消滅することは少ないだろうと考えられる。この流れに沿って、幸福の経済学の研究者の中には、精神的な豊かさを追求することこそ重要だと考える立場もある。

しかし、この結論には問題点もある。どんなに厳しい状況に陥っても、それ

に順応してめげずに生きぬくというのは、個体としての生物が生存し易いように、進化の過程で備わった性質である。逆に、豊かさに慣れるのは、もしそうでなければ、より良い状況を目指して努力することをやめてしまい、個体や種としての改良が止まり、結局、滅亡に追い込まれることを避けるためだと考えられる。つまり、順応は、生存競争を勝ち抜くために備わった性質である。このように考えると、順応してしまうからと言って、物質的な発展が無用であると結論するのは、本末転倒である。幸福のパラドックスが示唆することは、幸福感の時系列データを用いて、われわれの進むべき道やとるべき政策を考えたりすべきではないということかもしれない。

主観的幸福感と効用の違い：選択と自己評価

　本章のいくつかの箇所で、主観的幸福感と効用があたかも同一であるかのような記述をした。実際、両者は似た側面を持っており、幸福感を効用の代理変数として使える場合も存在する。相対所得仮説も習慣形成仮説も、経済学において効用関数を念頭に考案されたものであるが、両仮説は幸福感にも効用にも適用されてきた。しかし、一方では、幸福感にはベースラインがあり、ニュース・事件が到来すると、そこから突発的に乖離するという幸福感の特徴は、経済学者が通常、効用に抱く安定的なイメージと異なる。幸福感と効用には似た側面があるのは当然としても、両者はいったいどこが違うのだろうか。本項では、主観的幸福感と効用の違いについて考える。

　主観的幸福感は、いったい今の自分はどのくらい幸福だろうかという自己評価によって得られるものであるのに対し、効用の特徴は、2つの状況（例えば財の消費）の比較・選択から定義されることである。幸福のパラドックスを示す図表8-3は、各時点において個人にその時の幸福感を尋ね、その回答値を異なる時点で比較して得られたものである。これに対し、2つの時点の状況に関してどのような効用を持つかは、2つの時点の状況を提示し、「どちらを選択しますか」という質問で把握されるはずである。

　最近のギャラップ調査では、**キャントリルのはしご**、と呼ばれる質問を採用している。まず、0～10の番号のついたはしごを思い浮かべてもらい、0を考

えられる最悪の状態、10を最高の状態とした時、どの段にいるかを尋ねる。これは、通常の質問とよく似てはいるが、より相対的に比較して幸福感を評価するよう求めるものかもしれない。このデータを用いた研究によると、所得と幸福感には相関がある（すなわち、パラドックスは見られない）ことが報告されている。

自己評価による主観的幸福感は、先に見たように、順応や社会的相対評価に強く影響される。それによって、幸福のパラドックスが生じる。これに対し、2つの状態を比較・選択する効用の評価はより客観的・理性的であり、他の事情が同じであれば、所得の高い状態が選択される。主観的幸福感に基づく幸福のパラドックスをもって、生活水準や経済状態は重要でないと主張することは軽率のそしりを免れないだろう。

練習問題

❶ 幸福のパラドックスとは何か。それはどのようにして説明できるか。

❷ 主観的幸福感と効用とはどの点で違っているか。

❸ 幸福感の順応仮説は、他にどのような名前で呼ばれるか。

❹ 年齢と幸福度の関係は、縦軸を幸福度、横軸を年齢にとった時、どのようなグラフで表現できるか。それを世代効果と年齢効果に分割するにはどうしたらよいか。

❺ 所得が増えると幸福感はどうなるか。時系列での比較と、同一時点での個人間の比較の両方について答えなさい。

[注]

1　Frey, B. and A. Stutzer (2002b) "What Can Economists Learn from Happiness Research?", *Journal of Economic Literature*, 40 (2), 402-435.
2　Frey, B. and A. Stutzer (2002a) *Happiness and Economics*, Princeton: Princeton University

Press.
3 Clark, A. E. (2007) "Born to Be Mild? Cohort Effects Don't (Fully) Explain Why Well-Being is U-Shaped in Age". http://www.parisschoolofeconomics.com/clark-andrew/CohortNov2007.pdf
4 Glenn, N. and C. Weaver (1981) "The Contribution of Marital Happiness to Global Happiness," *Journal of Marriage and Family*, 43 (1), 161-168.
5 Clark, A. E., E. Diener, Y. Georgellis, and R. E. Lucas (2008) "Lags and Leads in Life Satisfaction: A Test of the Baseline Hypothesis", *The Economic Journal*, 118 (529), F222-F243.
6 Lucas, R., A. Clark, Y. Georgellis, and E. Diener (2003) "Reexamining Adaptation and the Set Point Model of Happiness: Reactions to Changes in Marital Status", *Journal of Personality and Social Psychology*, 84 (3), 527-539.
7 前掲注5;Doss, B. D., G. K. Rhoades, S. M. Stanley, and H. J. Markman (2009) "The Effect of the Transition to Parenthood on Relationship Quality: An Eight-Year Prospective Study", *Journal of Personality and Social Psychology*, 96 (3), 601-619. doi:10.1037/a0013969; Clark, A. E. and Y. Georgellis (2013) "Back to Baseline in Britain: Adaptation in the British Household Panel Survey", *Economica*, 80 (319), 496-512.
8 坂口尚文(2004)「結婚、出産、離婚と所得変化」樋口美雄・太田清編『女性たちの平成不況』第5章、日本経済新聞社、153-168頁。
9 Aassve, A., A. Goisis, and M. Sironi (2012) "Happiness and Childbearing Across Europe", *Social Indicator Research*, 108 (1), 65-86. doi: 10.1007/s11205-011-9866-x
10 色川卓男(1999)「結婚・出産・離婚で女性の〈生活満足度〉はどう変わるか——生活全般満足度と生活程度のパネル分析」樋口美雄・岩田正美編『パネルデータから見た現代女性:結婚・出産・就業・消費・貯蓄』第7章、東洋経済新報社、193-223頁。
11 樋口美雄・萩原里紗(2011)「ライフイベントと女性の生活満足度・幸福度の変化およびその要因——「消費生活に関するパネル調査」を使用した実証分析」KEIO/KYOTO GLOBAL COE DISCUSSION PAPER SERIES DP2011-016。
12 Becker, G. and K. Murphy (1988) "A Theory of Rational Addiction", *The Journal of Political Economy*, XCVI(4), 675-700.
13 Gruber, J. and B. Kőszegi (2001) "Is Addiction "Rational"? Theory and Evidence", *The Quarterly Journal of Economics*, 116(4), 1261-1303.
14 Kahneman, D., A. Kruger, D. Schkade, N. Schwartz, and A. Stone (2004) "A Survey Method for Characterizing Daily Life Experience: The Day Reconstruction Method", *Science*, 306(5702), 1776-1780.
15 Duesenberry, J. (1949) *Income, Saving, and the Theory of Consumer Behavior*, Cambridge: Harvard University Press.
16 Knight, J., L. Song, and R. Gunatilaka (2009) "Subjective Well-being and Its Determinants in Rural China", *China Economic Review*, 20(4), 635-649.
17 Clark, A. E., P. Frijters, and M. Shields (2008) "Relative Income, Happiness and Utility: An Explanation for the Easterlin Paradox and Other Puzzles", *Journal of Economic Literature*, 46 (1), 95-144.
18 前掲注17。

第9章

実世界における行動経済学

本章のポイント

- ☑ 行動経済学を実際に役立てるとき、倫理的な問題について考える必要がある。
- ☑ 人の意思決定や行動のクセを利用し、強制ではない「軽い誘導」(ナッジ)を行うことは有用である。

　行動経済学が解明した事実は、実際の世界に対していくつかの問題を提起する。この章では、それらの諸問題を巡り、行動経済学が現実世界にどのような態度でアプローチするべきかを議論し、その一例として「ナッジ」という考え方を紹介する。

1　行動経済学を役立てる

　行動経済学が解明した事実はどのように役に立つだろうか。第1に、**弱者保護**や**消費者保護**政策に対するこれまでの経済学の考え方に影響を与える。一般社会では弱者保護が国民感情に沿う政策であり、消費者保護政策もそうしたものの1つである。例えば、購入後一定期間ならば購入契約を破棄できるクーリングオフ制度などは、消費者保護の観点から作られている。しかし経済学者は、このような弱者保護政策に冷淡であることが多かった。なぜなら、伝統的

な経済学は「人間は合理的である」と考えているため、そもそも「弱者」が存在しないことになるのである。つまり市場原理が正常に働いているならば、個人はそれぞれ合理的に効用最大化を行い、それぞれ最適に振る舞っている。そこには何の問題もない。伝統的経済学の考え方に沿えば、不当な力を追放して、個人をできるだけ自由に判断する環境を整備すれば、あとは放っておけばよい。例えば企業に対しては独占的な市場支配力の排除が重要であるが、それがなされた後は、各企業が自由に行動することによって好ましい結果が得られるだろう。これに対し行動経済学は、個人はいろいろな点で非合理的であり、意志力も弱い存在であると考える。つまり消費者の非合理性に付け込んだ販売がなされれば、消費者は本当は買いたくないものを購入するという事態が発生し得るので、クーリングオフのような消費者保護が必要となる。他にも、リスクのある金融商品が銀行で販売されて一般の人に提供されるようになった時、そのリスクについて詳細に説明することが義務付けられた。また、消費者金融で深刻な多重債務問題が起きた時には金利が引き下げられ、借入額も制限された。

　弱者保護政策として、弱者の行動を規制するということも行われる。例えば、振り込め詐欺の多発に対して、ATMでの現金の送金が10万円以下に制限された。麻薬の所持や服用は処罰されるといったことも、弱者保護に含まれる。しかし、非合理的な人の存在がただちにこれらの規制や保護を正当化するわけではない。非合理的な人が存在するからと言って、すべての人が非合理的であるとは限らないからである。例えば、消費者金融からの借り入れには、第3章で説明した双曲割引という非合理性が関連しているが、筒井らは、アンケート調査をもとに、強い双曲割引を持つ人は国民の2割から3割であるとしている[1]。つまり残りの約7割から8割の人にとっては、借入制約という規制は望ましくない。規制をかけると市場の効率性が失われ本当に望ましい状態が実現できなくなるので、必要のない人にとって規制はない方がよいのである。このような場合に規制をすべきかどうかは国民の価値判断に委ねられる問題だろう。

　行動経済学の出現は、弱者保護や消費者保護に対する従来の経済学の冷淡な態度を変更させるものである。それは世の中の常識的な考え方に近いが、合理

的な人と非合理的な人の割合を明らかにすることによって、弱者を保護するための規制をすべきかどうかに示唆を与えるというメリットを持っている。

　行動経済学は第2に、教育によって非合理性を矯正すべきかという問題も提起する。例えば日本人はリスクを嫌い、預金以外の金融商品に対する投資が少ないが、これはお金に対するゆがんだ認識に基づいているのかもしれない。その一方で、多額の借金をしたり、ギャンブルにのめりこんだりする人も多い。適切な金融・ファイナンス教育をすれば、こうした社会問題が改善されるかもしれない。

　しかし、このような考えに対しては反論もある。第2章の初めに説明したように、ヒューリスティクスは非合理的なバイアスではなく、進化論的に合理的な性質であるとの主張がある。もしそうであるなら、経済学が非合理性と呼んでいる性質は、生きるために望ましいものであるので、矯正すべきではない。また、たとえ自分に損失をもたらすような性質であっても、教育によって容易に変えることができるようなものではないかもしれない。フランク（Robert Frank）らは、ゲーム理論を学ぶと利己的な行動をとるようになることを示している[2]。具体的には、経済学部の学生は他の学部の学生に比べて、囚人のジレンマゲームで「裏切り」を選択することが有意に多かった。利己性は経済合理性に含まれる特性なので、教育で合理性を高め得る可能性が示唆されている。しかしこの問題に関しては、教育の経済学とともに、今後の進展が必要である。

　第3に、行動経済学は人々のくせを明らかにするものなので、それを利用すればお金儲けを始めとして色々と得をすることができる。お金儲けに関連したことは、マーケティングの分野で既に利用されている。例えばプロスペクト理論によれば、利得領域では価値関数は逓減的な形状であり、損失領域では逓増的な形状をしている（詳しくは第4章を参照）。これにより、利得は一度にまとめて受け取るより、小さく分けて何回も受け取る方が合計のうれしさは大きくなる。一方、損失は小さい損失を何度も受けるより、一度に受けた方がダメージは小さく感じる。この性質を利用すると、パック旅行や定額料金は支払いという損失がまとめて行われるので、好ましく思われることがわかる。また、微

小な確率を大きく感じるという性質を利用すると、飛行機の墜落に対する保険や宝くじの販売などは、有利な商売であることがわかる。

　癖を利用して得をするのはお金だけとは限らない。あることを主張して他人を説得する時にも、どのような宣伝をしたらいいかに行動経済学は示唆を与えてくれる。例えば**フレーミング**は、問題をどのように切り取って、自分の立場をどう位置付けると好感を持たれるかについて示唆を与える。医師が手術を受けさせたいと思った時は、「この手術で死ぬ確率は10％です」と言うより、「この手術で90％の人が助かります」と言った方がいいといった具合である。問題は、「クセを利用した売り込み」が、道徳的に許されるものかどうかである。これは第1の問題で述べた、消費者が保護されるべき売り込みにあたらないだろうか。本来は個々の問題ごとに判断すべきだろうが、一般論としては、消費者が状況を十分に理解しても購入の決定が変わらないようであれば問題ないと言えるだろう。例えば飛行機の墜落に対する保険の場合、東京―大阪の墜落確率が何％であり、約束した保険金をカバーするのに必要な保険料がいくらであるかを伝えた上でも購入するのであれば、問題ないだろう。

2 「ナッジ」する

　これらの問題を始めとして、実際の世界に対して経済学がどう向き合うかに答えを出すことは難しい。経済学は人々に対して、どのような態度をとるべきなのだろうか。個人が何かを選択しようとしている時、何も口を出さず個人の自由に選ばせるか？　それとも代わりに選んであげた方がいいのだろうか？

　前者のような、本人の自由に選ばせるべきとする立場を**自由主義**（リバタリアニズム）といい、後者のような、本人の意思は無視してこちらの選択を押し付ける立場を**家長主義**（パターナリズム）という。経済学では政策提言を行うことが多いため、どちらの立場から政策を打ち出すのかということが重要になる。リバタリアニズムは個人の自由意思を尊重し、市場に任せる立場で、2000年代初頭に小泉政権が行った「小さな政府」はリバタリアニズム的な政策であ

るといえる。一方パターナリズムは積極的に市場に干渉する主義であり、最低賃金規制や解雇規制、上限金利規制のような規制強化に賛成する立場となる。経済政策のあり方として、どちらが望ましいのだろうか？

これには、人の合理性をどこまで認めるかという問題が絡んでくる。従来の経済学で扱う個人は第1章で説明したように、合理的経済人（ホモエコノミカス）である。リバタリアニズムを良しとするのは、「人間は自身で正しい判断をし、それを実行することができる」と考えているということであり、合理的経済人の存在を認めている時である。一方、パターナリズムは人間には合理的な意思決定を行う能力が不足していると考えている。

本書のここまでで見てきたように、現実の人間は明らかに合理的経済人とは異なり、われわれは確かに非合理的な振る舞いもする。しかし、自分がより良くなるための判断を全く行えないわけではない。つまりリバタリアニズムは放置しすぎだが、パターナリズムはお節介すぎる。

行動経済学の知見から推奨される1つの考え方は、「**リバタリアン・パターナリズム**」という立場である。これはセイラーと、サンスティーン（Cass Sunstein）によって提唱された考え方で、「選択の余地を残しながらも、より良い方向に誘導する」ことを目指すものである[3]。日本語では「緩やかな介入主義」と訳される。リバタリアン・パターナリズムはリバタリアニズムとパターナリズムの折衷案的な立場であり、最適な選択ができない人だけをより良い方向に導いてやる。この誘導は強制的なものではなく、望ましい方向への軽い一突きである。この軽い一突きの誘導が「**ナッジ**」と呼ばれている。

「リバタリアン・パターナリズム」や「ナッジ」とはどのようなものか、喫煙を例にとって考えてみよう。パターナリズムでは政府によって喫煙は完全に禁止され、違反した場合には処罰される。リバタリアニズムではタバコ税は撤廃され、喫煙は完全に自由化される。一方、リバタリアン・パターナリズムでは、税制を変更し、タバコ税を上げることで「やめたいけれどやめられない」と思っている人の禁煙だけを手伝う。自身で喫煙を選択し、その結果に後悔しない人を無理に禁煙させたりはしない。自身にとって最適な選択ができていない人だけを、正しい方向に導いてやるのだ。この誘導は決して強制的なもので

図表9-1 *Nudge*の表紙

はなく、あくまでもより良い選択への「ナッジ（軽い一突き）」である。ナッジは人々の選択の自由を妨げたり、選択肢を制限したりしない。われわれは、人間の認知や意思決定の癖を利用することで、望ましい方向にナッジすることができる。

　ナッジ（nudge）は一般に「肘でつつく」や「そっと動かす」などと訳されるが、ここでいうナッジのニュアンスを理解するには『実践行動経済学』の原著*Nudge*の表紙を見るのがいい[4]。図表9-1のように、親象が鼻で小象をそっと押しながら歩いているイラストが描かれており、「選択の自由を残しながらも、望ましい方向へ誘導する」という状況がうまく表現されている。リバタリアニズムならば、子象は完全に自由に歩いており、親象はそれに注意を払っていないだろう。パターナリズムなら、親象は子象を背中に乗せるなどして、子象に道を選択する自由は全くない。

3 デフォルトの力

 最も有名なナッジは、**SMarT**という貯蓄プログラムだろう。SMarT（Save More Tomorrow）プログラムはベナルチ（Shlomo Benartzi）とセイラーが発案したもので、給料が上昇すると拠出率も同時に引き上げられるという貯蓄システムである[5]。このシステムは、**デフォルト**にしたがってしまう「惰性」という癖を利用したものである。通常は、この惰性によって貯蓄は妨げられる。例えば貯蓄プランに加入しないままになっているとか、入社時に設定した低い拠出率のままになっているなどである。SMarTプログラムはその性質を逆手に取ることで「ナッジ」する。実際にこのプログラムを行ってみたところ、SMarTプログラムを採用した人々は、拠出率を自由に設定したグループや一律に設定したグループよりも多くの貯蓄を行えたことが明らかになった。現在、アメリカでは多額の退職貯蓄プランがSMarT方式を採用している。

 デフォルトの力を示す別の例は、臓器移植である。図表9-2に示したのは、ヨーロッパ各国の臓器提供希望者の割合である[6]。 一見して明らかに、2種類のパターンに分かれていることがわかる。臓器提供希望者が30%にも満たない左側の4ヵ国と、90%近い右側の7ヵ国である。この結果を、文化差であると切り捨てることもできる。しかし、例えば北欧の臓器提供率が高いなどという傾向があるわけではなく、左の4ヵ国と右の7ヵ国の共通点を探すのは難しい。ところが、この大きな差を生んだ原因は実は、非常に単純なものであった。

 実は、臓器提供率の低い4ヵ国の臓器提供意思表示カードには
  □移植の為に臓器を提供して良い場合はチェックを入れてください。
と書いてある。臓器提供を希望する人は、わざわざチェックを入れなければならない。人間は基本的に「何も行動しないこと」を好む。つまり、チェックを入れない。その結果として、臓器提供しない人が多数になる。
 しかし、臓器提供率が高い7ヵ国のカードにはこのように書いてある。
  □移植の為に臓器を提供したくない場合はチェックを入れてください。

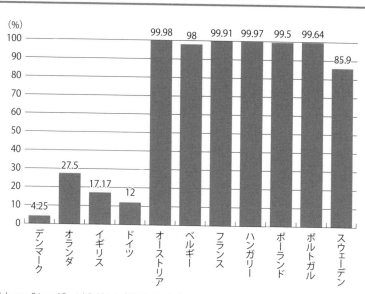

図表9-2　ヨーロッパ各国の臓器提供希望者の割合

（出所）Johnson, Eric and Daniel Goldstein（2003）"Do Defaults Save Lives?", *Science*, 302（5649）, 1338-1339.

　この場合でも、起こることは同じである。みな現状維持を好むので、チェックを入れない。ただし、チェックを入れなかった場合に起こることが違っている。多くの人はチェックを入れないので、その結果、臓器提供を希望してしまうのだ。左側4ヵ国のような、承諾したい場合に意思表示する設計を「**オプト・イン**」、右側7ヵ国のような拒否したい場合に意思表示する設計を「**オプト・アウト**」と呼ぶ。オプト・インでは拒否がデフォルト、オプト・アウトでは承諾がデフォルトになっている。

　日本の臓器移植シートは図表9-3のようなものである。臓器提供希望にはデフォルトの力を用いておらず、ある種公平なものとなっている。しかし、その後で「提供したくない臓器に×をつける」というオプト・アウトが採用されている。「承諾したのであれば、できる限りたくさんの臓器を提供してもらいたい」という姿勢が見てとれる。しかし、「平成25年度臓器移植に関する世論調査」によると1～3のいずれかを選択している（意思を記入している）のは全

図表9-3　日本の臓器移植シート

```
《 1. 2. 3. いずれかの番号を○で囲んでください。》
1. 私は、脳死後及び心臓が停止した死後のいずれかでも、移植の為に
   臓器を提供します。
2. 私は、心臓が停止した死後に限り、移植の為に臓器を提供します。
3. 私は、臓器を提供しません。
《1又は2を選んだ方で、提供したくない臓器があれば、×をつけてください。》
【心臓・肺・肝臓・腎臓・膵臓・小腸・眼球】
〔特記欄：                                              〕
署名年月日：        年      月      日
本人署名（自筆）：_____
家族署名（自筆）：_____
```

(出所)（公社）日本臓器移植ネットワーク

体の12.6%であり、80%以上の人がカードに何も記入していない。ここにも「何も行動しない」というデフォルトの力が働いていることがわかる。

　デフォルトの力は、HIV検査においても力を発揮している。南アフリカ共和国のある病院では、標準的な妊娠検査にHIV検査が含まれている。もちろん、希望すればHIV検査を除外するオプト・アウト方式になっているが、デフォルトは「受診する」になっている。その結果として、98%の妊婦がHIV検査を受けており、公衆衛生を高めている。ボツワナでは、HIV検査をオプト・アウト方式に変えたことで、わずか1年でHIV検査64%から83%に増加し、ジンバブエでは65%から99%に増加した[7]。2004年に国連合同エイズ計画（UNAIDS）と世界保健機構（WHO）は、エイズ（AIDs）が蔓延している国におけるオプト・アウト方式を推奨している。

　ダウンズ（Julie S. Downs）らはサンドイッチチェーン店で、メニューの表示方法と摂取カロリーに関する実験を行った。彼らは最初のページに（1）低カロリー商品があるもの、（2）高カロリー商品があるもの、（3）どちらも均等にあるもの、の3種類のメニューを用意した。どのメニューも順序が異なっているだけで、載っているメニューは同じである。しかし実験の結果、低カロ

リー商品が最初にあれば低カロリー商品を、高カロリー商品が最初にあれば高カロリー商品が選ばれるということがわかった[8]。つまり、人はデフォルトである最初のページから選びがちであったのだ。「ページをめくる」ことは現状を変化させることであり、多くの人はそれを好まない。

このように、デフォルトの設定を見直すことによるナッジは非常に強力であり、人々の行動を変化させる力がある。

4 コミットメントの力

デフォルトと同じくらいよくみられるのは、**コミットメント**の力を用いるナッジである。第3章で説明したように、コミットメントによって計画通りに実行できない双曲割引の人を助けることができる。

例えば、「stickK」という目標達成支援サイトがある[9]。これは、サイトにお金を預け、期日までに自分で設定した目標を達成すれば戻ってくるが、達成できない場合は寄付されるという仕組みである。「stickK」にはより強力な方法として、自身の信条に反する団体に寄付されるという使い方も示されている。例えば原発に賛成している人が目標達成に失敗すると、その積立金は原発反対の活動団体に送られてしまう。同性愛や銃規制といった思想的な団体の他、応援しているスポーツチームの敵チームに送るようにすることもできる。

また、フィリピンのCARES（Committed Action to Reduce and End Smoking）という禁煙支援システムは、利用者に口座を開設させ、タバコ代になっていたはずのお金を半年間預金させる。半年後に尿検査を受けてタバコを吸っていないことが証明されれば、預金したお金は戻ってくる。このプログラムを利用した人が禁煙に成功する確率は、コントロールグループと比べて3〜6％ポイント上昇することが明らかにされている[10]。

5 色々なナッジ

　人の行動特性を考慮することで、諸問題を解決するというナッジの考え方を活かした工夫は、様々なところで観察される。この節では、様々なナッジを紹介しよう。

　スキポール空港の男子トイレにあるハエのシールも有名なナッジの一つだろう（図表9-4）。これは「的があったら狙いたくなる」という人間の特徴を活かした施策で、トイレの汚れを85％も減少させる効果があった。パターナリズム的な解決は、汚したら罰金を支払わせたり貼り紙で強く禁止するなどだが、おそらくハエのシール以上の効果は期待できないだろう。

　身近なところにも、多くのナッジがある。例えばカフェのサラダバーの場所を中央に変更するとか（図表9-5）、レジの横にスナックを置くのをやめてフルーツを置くようにするだけでサラダやフルーツの摂取量が増加することを示した研究がある[11]。また、カロリーを表示すること自体も効果的である[12]。ウィズダム（Jessica Wisdom）らはサンドイッチ店で、メニューにカロリーを表示するだけで、客の摂取カロリーが減少することを明らかにした[13]。カロ

図表9-4　ハエのシール

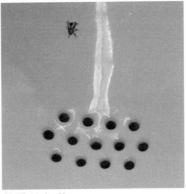

（出所）Nudge Blog

図表9-5 サラダバーの移動。この移動により、レジに並ぶために自然にサラダバーの周囲を歩くことになる

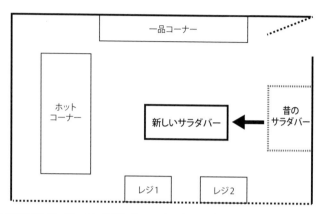

（出所）Just, David and Brian Wansink（2009）"Smarter Lunchrooms: Using Behavioral Economics to Improve Meal Selection, Choices", http://www.choicesmagazine.org/magazine/article.php?article=87 より著者作成

リーという情報を与えることで、人は少し自制的になる。自分が自制的でないことをわかっていない人（第3章で述べた「ナイーフ」な人）に自覚を促す（「ソフィスティケイテッド」に近付ける）よう、そっとナッジしたといえるだろう。

また、「見られている」と感じることで、人々の行動はかなり変化するようである。例えば、無人ドリンク販売所での実験がある[14]。ある大学の学部内にあるドリンクコーナーには、紅茶、コーヒー、牛乳が用意されており、それぞれの料金が張り紙で示されている。欲しい飲み物の料金を箱に入れれば、好きなものを飲むことができるが、その部屋にカメラなどは仕掛けられておらず匿名性は高い。つまり料金を支払うかどうかは購入者の誠実性にのみ依っており、お金を払わずに飲み物を持って行くことも可能である。実験では料金の書いてある張り紙に目の絵と花の絵を1週おきにつけた。その結果、目の絵があった週は、花の絵の週の2.76倍も支払額が増えていた。目の週と花の週でドリンクの消費量に変化はなかったので、支払の不正が減ったということになる。また、駐輪場に目のポスターを貼ると自転車の盗難が62%減少したという研究もある[15]。最近では街中でも、目の絵を添えた禁止ポスターを見かけることがある（図表9-6）。これらもすべて、はっきりと不正や盗難を禁止する手段

図表9-6　目の絵が描かれた、不法投棄禁止の看板（兵庫県神戸市）

をとったわけではなく、「ナッジ」したにすぎない。

　社会的に大きな影響のあるナッジもある。シュルツ（Wesley Schultz）らは省エネを推奨するため、調査世帯に過去数週間のエネルギー使用量と、近隣世帯の平均消費量を伝える実験を行った[16]。その結果、エネルギー使用量が平均以上だった世帯の使用量が減少した。これは明らかに、近隣住民の消費量を伝えたことが影響しており、社会的規範の力を示している。しかしその一方で、エネルギー使用量が平均以下だった世帯の使用量が増加していた。彼らは近隣住民の消費量を見て、「もう少し使っても大丈夫」と思ったのだろう。これでは逆効果である。しかし、実は調査世帯のうち半数は、自分の使用量と近隣世帯の使用量に加えて、平均以上だったかどうかをマークで示されていた。エネルギー消費量が平均以下だった世帯にはスマイルマーク、平均以上にエネルギーを消費していた世帯には困り顔マークが与えられていた。近隣の情報だけが伝えられた世帯と比べると、困り顔マークをつけられた世帯では消費量の減少額がさらに大きくなっていた。さらに、スマイルマークがつけられた世帯では、エネルギー消費量は増加しなかった。つまり、望ましい状態の人を堕落させることなく、よい状態のままにしておくことに成功したのである（図表9-7）。

　環境問題については、「garbage can（ごみ箱）」ではなく「landfill（リサイク

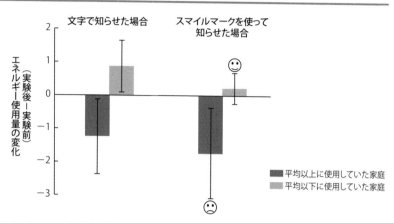

図表9-7　エネルギー使用量の実験

（出所）Schultz, Wesley, Jessica Nolan, Robert Cialdini, Noah Goldstein, and Vladas Griskevicius (2007) "The Constructive, Destructive, and Reconstructive Power's of Social Norms", *Psychological Science*, 18 (5), 429-434.

ルが困難なものを埋め立てる場、の意)」と書くだけで、リサイクル率が上昇するとも言われている[17]。例えばペンシルバニア大学では、ごみ箱は「recycle」と「landfill」という2種類に分かれている。landfillと書かれると、そちらにはリサイクル可能なものを入れなくなり、結果的にリサイクルが増加するのだ。これは第2章で紹介した、フレーミングの実例と言える。

立小便を防止する鳥居は、日本の文化を利用した非常に効果的な仕掛けである（図表9-8）。他の国でも同様の例があるだろうか。インドのシムラー近郊は交通量が多く、道路が非常に危険な状態になっている。走行速度を落とすようにという標識がいくつか立てられたが役には立たなかった。しかしこの問題は、この道路に面する形で神社を建設することで解決した。交通標識には注意を払わなかった人々が、祝福を受けるために神社の前では速度を落とすようになったのだ[18]。非常に大掛かりではあるが、文化をうまく利用したナッジといえる。

このように、環境問題や貯蓄率の低下、HIV検査、臓器移植などの社会問題などに対して、リバタリアン・パターナリズムの考え方は有効なようである。行動経済学で得られた様々な知見を活かし、人々を望ましい方向にナッジする

図表9-8　立小便禁止の鳥居の写真

（提供：松村真宏氏）

ことで社会厚生を高めることができる。

練習問題

❶ 行動経済学の知見が利用されている身近な例を挙げ、それにまつわる倫理的問題点について説明しなさい。

❷ 身近なナッジの例を挙げなさい。また、リバタリアニズムやパターナリズムならばそれをどのように解決するか、それぞれ説明しなさい。

[注]
1 筒井義郎・晝間文彦・大竹文雄・池田新介（2007）「上限金利規制の是非：行動経済学的アプローチ」『現代ファイナンス』No. 22、25-73頁。
2 Frank, Robert, Thomas Gilovich, and Dennis Regan (1993) "Does Studying Economics Inhibit Cooperation?", *Journal of Economic Perspectives*, 7 (2), 159-171.
3 Thaler, Richard and Cass Sunstein (2008) "John Edwards Nudges College Students out of Their Shower". https://nudges.wordpress.com/2008/05/26/john-edwards-nudges-college-students-out-of-their-shower/2008/

4 リチャード・セイラー、キャス・サンスティーン (2009)『実践行動経済学』遠藤真美訳、日経BP社。
　Thaler, Richard and Cass Sunstein (2008) *Nudge: Improving Decisions about Health, Wealth, and Happiness*, Yale University Press.
5 Benartzi, Shlomo and Richard Thaler (2004) "Save More Tomorrow: Using Behavioral Economics to Increase Employee Saving", *Journal of Political Economy*, 112 (S1), 164-187.
6 Johnson, Eric and Daniel Goldstein (2003) "Do Defaults Save Lives?", *Science*, 302 (5649), 1338-1339.
7 http://nudges.org/2010/11/01/switching-the-default-rule-for-an-aids-test/
8 Downs, Julie S., George Loewenstein, and Jessica Wisdom (2009) "Strategies for Promoting Healthier Food Choices", *American Economic Review*, 99 (2), 159-164.
9 https://www.stickk.com/
10 Giné, Xavier, Dean Karlan, and Jonathan Zinman (2010) "Put Your Money Where Your Butt Is: A Commitment Contract for Smoking Cessation", *American Economic Journal: Applied Economics*, 2(4), 213-235.
11 Just, David and Brian Wansink (2009) "Smarter Lunchrooms: Using Behavioral Economics to Improve Meal Selection, Choices". http://www.choicesmagazine.org/magazine/article.php?article=87
12 Milich, R., J. Anderson, and M. Mills (1976) "Effects of Visual Presentation of Caloric Values on Food Buying by Normal and Obese Persons", *Perceptual and Motor Skills*, 42(1), 155-162.
13 Wisdom, Jessica, Julie Downs, and George Loewenstein (2010) "Promoting Healthy Choices: Information versus Convenience", *American Economic Journal: Applied Economics*, 2(2), 164-178.
14 Bateson, Melissa, Daniel Nettle, and Gilbert Roberts (2006) "Cues of Being Watched Enhance Cooperation in a Real-world Setting", *Biology Letter*s, 2(3), 412-414.
15 Nettle, Daniel, Kenneth Nott, and Melissa Bateson (2012) " 'Cycle Thieves, We Are Watching You': Impact of a Simple Signage Intervention against Bicycle Theft", *PLoS ONE*, 7(12).
16 Schultz, Wesley, Jessica Nolan, Robert Cialdini, Noah Goldstein, and Vladas Griskevicius (2007) "The Constructive, Destructive, and Reconstructive Power's of Social Norms", *Psychological Science*, 18(5), 429-434.
17 http://nudges.org/2010/08/25/its-not-a-garbage-can-its-a-small-landfill/
18 Freakonomics (2010) "A Hindu Traffic Nudge". http://www.freakonomics.com/2010/04/07/hindu-traffic-nudges/

ブックガイド

　本書の入り口となる、図を多用した一般向けの解説書としては、

　　筒井義郎・山根承子『図解雑学　行動経済学』ナツメ社

を読むことを勧める。この本は、ほぼ本書と同じ範囲を、95の話題に分けて1ページの解説と1ページの図解で説明した、手軽な本である。およそ2時間ほどで読めることを目指している。

　本書と同程度の日本語の教科書は存在していない（英語のテキストはいくつも存在する）。本書を読み終えて、さらに高度な学習を目指す人には、中級の教科書

　　大垣昌夫・田中沙織『行動経済学』有斐閣

がある。この本は、本書が扱っていない、神経経済学がふんだんに紹介されていることも魅力である。

　行動経済学ではなく、意思決定理論の教科書になるが、

　　イツァーク・ギルボア『意思決定理論入門』NTT出版

は、ヒューリスティクス、期待効用仮説、リスク下の選択、不確実性下の選択、および幸福度等のトピックについて、著者が提示した問題に回答しながら理解を深められるスタイルのテキストである。

　一般向けの読み物では、

　　ダニエル・カーネマン『ファスト＆スロー（上・下）──あなたの意思はどのように決まるか』早川書房

が、ヒューリスティクス、時間選好、リスク選好、自信過剰、メンタルアカウンティング、幸福といった幅広い話題を取り扱っている。題名のように、速い

思考と遅い思考というキーワードがあるが、なんといっても、行動経済学の創始者が語っているもので、その深い内容から読者は多くのことを学ぶことができるであろう。

これも、一般向けの読み物であるが、

リチャード・セイラー『セイラー教授の行動経済学入門』ダイヤモンド社

は、やはり、経済学者として、行動経済学の創始者の一人であるリチャード・セイラーが行動経済学にかかわる13個のパズルを取り上げ、実証的事実を丁寧に解説したものである。もともと、研究者向けに1987年から1990年にアメリカ経済学会の機関誌に連載したものを改訂したものなので、少し難しいかもしれないが、その独創性は類書にないものである。

著名な行動経済学者であるダン・アリエリーは、

ダン・アリエリー『予想どおりに不合理：行動経済学が明かす「あなたがそれを選ぶわけ」』ハヤカワ・ノンフィクション文庫

をはじめとして、自分の実験結果をもとに、面白い本をいくつも出版している。

ウリ・ニーズィー、ジョン・A・リスト『その問題、経済学で解決できます。』東洋経済新報社

は、やはり著名な行動経済学者の手になるもので、最近のフィールド実験によって経済学がいろいろな問題を解決してくれることを教えてくれる。

池田新介『自滅する選択──先延ばしで後悔しないための新しい経済学』東洋経済新報社

は、本書第3章の時間選好の話題を、深くかつ簡明に解説した好著である。日経経済図書文化賞を受賞し、韓国語にも翻訳された実績が示すように、一読の価値がある。

本書第7章の行動ファイナンスは、行動経済学では珍しく、日本語でもいくつかの教科書が出版されている。ここでは、

> 加藤英明『行動ファイナンス──理論と実践』朝倉書店
> マイケル・モーブッシン『投資の科学──あなたが知らないマーケットの不思議な振る舞い』日経BP社

をあげておこう。

幸福の経済学（本書第8章）は、教科書ではないが、優れた啓蒙書がたくさん出版されている。その中で1つをあげると、

> ブルーノ・フライ『幸福度をはかる経済学』NTT出版

は、幸福の経済学の大家である、ブルーノ・フライの近著であり、幸福の経済学に関する広範な話題を取り上げ、実証分析の結果などに触れながら解説している。

> 大竹文雄・白石小百合・筒井義郎『日本の幸福度──格差・労働・家族』日本評論社

は、日本における幸福度研究の紹介として価値がある。

幸福度研究は経済学からの接近によるものだけではない。

> 大石繁弘『幸せを科学する──心理学からわかったこと』新曜社

は、幸福の心理学の日本人の第一人者による解説である。行動経済学を学ぶものとして、視野を広げるのに最適な書物である。

本書第9章はナッジを主要な内容としているが、その提唱者による

> リチャード・セイラー、キャス・サンスティーン『実践　行動経済学』日経BP社

が必読書である。

索引

ア 行

曖昧性回避　69
アクティブ運用　133
アジア病問題　25
あたたかい満足感　76
アノマリー　45
アリエリー (Dan Ariely)　27, 48
アレ (Maurice Allais)　58
アンカリング　→　係留
異時点間選択　32
イースターリン・パラドックス (幸福のパラドックス)　175
イベントスタディ　127
違法な副業ゲーム　82
受取許容額 (WtA)　115
後ろ向き推論法　77
エッベセン (Ebbe B. Ebbesen)　36
エルスバーグ (Daniel Ellsberg)　69
凹関数　63
遅い思考 (システム2)　17
オプト・アウト　190
オプト・イン　190

カ 行

確実性効果　60
確証バイアス　145
確率加重関数　61
価値関数　61
家長主義 (パターナリズム)　186
カテゴリ化　105
カーネマン (Daniel Kahneman)　2, 17, 18, 22, 24, 25, 111, 115
株式プレミアム　136
完全合理性　8
完全利己性　8
機会費用　117
期間効果　46
危険 (リスク)　55
危険回避　55
気質効果　153
希少性　121
期待効用仮説　55
期待値　52
客観的確率　61
キャントリルのはしご　179
ギャンブラーの誤り　20
金額効果　46
近視眼的　45
近視眼的な損失回避　147
クネッチ (Jack Knetsch)　115
クラーク (Andrew Clark)　173
経験サンプリング法　169
係留 (アンカリング)　142
限界効用逓減　56
後悔　42
公共財供給実験　84
行動科学　2
幸福のパラドックス (イースターリン・パラドックス)　174

効用　52
効率的市場仮説　125
合理的中毒論　168
心の会計簿　105
互酬性　74, 79
コミットメント　48, 192
コントロールの幻想　144

　　　　サ　行

最後通牒ゲーム　77
裁定取引　130
再認　16
サブゲーム完全なナッシュ均衡　78
サムエルソン（Paul A. Samuelson）　5, 129
サンクコスト（埋没費用）　109
参照所得　173
参照点　61
時間選好　32
時間割引率　33
自己帰属バイアス　145
市場ポートフォリオ　134
自信過剰　144
指数割引　42
システム1　141
システム2　141
支払方法　102
支払許容額（WtP）　115
資本資産価値モデル（CAPM）　130
社会的ジレンマ　86
社会的選好　73
弱者保護　183
習慣形成　168
自由主義（リバタリアニズム）　186
主観的確率　61

主観的幸福感　160
純粋な利他性　75
順応仮説　177
少数の法則　20
消費者保護　183
シラー（Robert Shiller）　4, 137
進化論　12
親近感バイアス　143
信頼ゲーム　80
SMarT　189
セイラー（Richard Thaler）　105, 115, 187
戦略的互酬性　87
双曲割引　42
ソフィスティケイテッド　48

　　　　タ　行

代表性（の）ヒューリスティクス　18, 143
遅延効果　46
テクニカル分析　143
デフォルト　189
デューゼンベリ（James Stemble Duesenberry）　173
デュルケーム（Émile Durkheim）　150
トヴェルスキー（Amos Tversky）　3, 18, 22, 25, 111
独裁者ゲーム　74
凸関数　63

　　　　ナ　行

ナイト（Frank Knight）　69
ナイーブ　48
ナッジ　187
ナッシュ均衡　86

ノイズトレーダー　132

ハ　行

バイアス　18
ハウスマネー効果　107
パターナリズム　→　家長主義
パッシブ運用　134
ハーディング　151
バブル　138
速い思考（システム1）　17
ヒューリスティクス　16
ファマ（Eugene Fama）　4
ファンダメンタル価値　131
フォン・ノイマン（John von Neumann）　4, 55
符号効果　46
不平等回避性　74
プライミング　100
フレーミング　25, 186
プロスペクト理論　61
分散投資　134
分離定理　135
平均・分散効率的ポートフォリオ　134
ベースライン仮説　172
ベッカー（Gary Becker）　168
ヘッジ　132
ベルヌーイ（Daniel Bernoulli）　52

ホモエコノミカス　7
保有効果　114

マ　行

埋没費用　→　サンクコスト
マーコヴィッツ（Harry Markowitz）　150
マシュマロ・テスト　36
満足最大化行動　9
ミシェル（Walter Mischel）　36
「無料」の心理　119
メンタルアカウンティング　105
目標水準仮説　171
模倣　16
モルゲンシュテルン（Oskar Morgenstern）　4, 55

ラ　行・ワ　行

ランダムウォーク　127
リスク　→　危険
利他性　74
リバタリアニズム　→　自由主義
リバタリアン・パターナリズム　187
利用可能性（の）ヒューリスティクス　22, 143
リンダ問題　18
割引現在価値　13

著者紹介

筒井義郎（つつい よしろう）　　　　　　　　　　　第1章、第4章、第8章担当

甲南大学経済学部特任教授。大阪大学大学院中退、博士（経済学）、名古屋市立大学経済学部助教授、大阪大学大学院経済学研究科教授などを経て現職。大阪大学名誉教授。行動経済学会会長、日本金融学会会長を歴任。著書に『金融市場と銀行業』（東洋経済新報社）、『金融』（東洋経済新報社）、『金融業における競争と効率性』（東洋経済新報社）、『日本の株価』（共著、東洋経済新報社）など。

佐々木俊一郎（ささき しゅんいちろう）　　　　　　　　　第2章、第5章担当

近畿大学経済学部准教授。慶應義塾大学大学院修了、博士（学術）、名古屋商科大学専任講師などを経て現職。著書に『実験ミクロ経済学』（共著、東洋経済新報社）、『実験マクロ経済学』（共著、東洋経済新報社）、訳書にギルボア『意思決定理論入門』（共訳、NTT出版）など。

山根承子（やまね しょうこ）　　　　　　　　　　　　　第3章、第9章担当

近畿大学経済学部准教授。大阪大学大学院経済学研究科博士後期課程単位取得満期退学（博士（経済学））、日本学術振興会特別研究員等を経て現職。主要論文に "Peer Effects among Swimmers"（*The Scandinavian Journal of Economics*, 共著）。

Greg Mardyła（グレッグ・マルデワ）　　　　　　　　　第6章、第7章担当

近畿大学経済学部准教授。横浜国立大学大学院国際社会科学研究科修了、博士（経済学）、日本学術振興会外国人特別研究員、立命館大学ファイナンス研究センターのポストドクトラルフェローを経て現職。ポーランド出身。

行動経済学入門

2017年5月11日　第1刷発行
2025年7月16日　第7刷発行

著　者——筒井義郎／佐々木俊一郎／山根承子／グレッグ・マルデワ
発行者——山田徹也
発行所——東洋経済新報社
　　　　〒103-8345　東京都中央区日本橋本石町1-2-1
　　　　電話＝東洋経済コールセンター　03(6386)1040
　　　　https://toyokeizai.net/

ＤＴＰ…………アイランドコレクション
装　丁…………吉住郷司
印　刷…………港北メディアサービス
製　本…………積信堂
編集担当………矢作知子
Printed in Japan　　ISBN 978-4-492-31497-5

本書のコピー、スキャン、デジタル化等の無断複製は、著作権法上での例外である私的利用を除き禁じられています。本書を代行業者等の第三者に依頼してコピー、スキャンやデジタル化することは、たとえ個人や家庭内での利用であっても一切認められておりません。

落丁・乱丁本はお取替えいたします。